全过程工程咨询丛书

全过程工程咨询竣工阶段

吕春燕　杨明芬　王孝云　潘敏
主编

化学工业出版社
·北京·

内 容 简 介

《全过程工程咨询竣工阶段》是"全过程工程咨询丛书"的第7册，本书从全过程咨询的角度，阐述了竣工验收阶段的管理的作用、原则和依据；系统而有层次地列明了全过程咨询竣工验收阶段最新的法律、法规及标准；重点论述了建设项目竣工验收阶段全过程咨询规划大纲的总体思路和内容。

本书内容翔实，观点前瞻性强，文字通俗易懂，并能应用于实践，可供建设单位、咨询单位、设计单位、施工单位、监理单位、造价咨询单位、运维管理单位的从业人员及相关专业高校在校师生和对工程管理感兴趣的读者阅读、参考。

图书在版编目（CIP）数据

全过程工程咨询竣工阶段/呙春燕等主编. —北京：化学工业出版社，2021.10
（全过程工程咨询丛书）
ISBN 978-7-122-39659-4

Ⅰ.①全… Ⅱ.①呙… Ⅲ.①建筑工程–咨询服务 Ⅳ.①F407.9

中国版本图书馆CIP数据核字（2021）第152956号

责任编辑：吕佳丽　邢启壮　　　　装帧设计：王晓宇
责任校对：杜杏然

出版发行：化学工业出版社（北京市东城区青年湖南街13号　邮政编码100011）
印　　装：河北鑫兆源印刷有限公司
787mm×1092mm　1/16　印张 7¼　字数 150千字　2022年4月北京第1版第1次印刷

购书咨询：010-64518888　　　　　　　售后服务：010-64518899
网　　址：http://www.cip.com.cn
凡购买本书，如有缺损质量问题，本社销售中心负责调换。

定　　价：38.00元　　　　　　　　　　　　　　　　　版权所有　违者必究

丛书编写委员会名单

主　　任　张江波　王宏毅

副 主 任　杨明宇　谢向荣　顿志林　潘　敏　杨明芬　刘仁轩
　　　　　　郭嘉祯　白　祯　王孝云　杨宝昆　王瑞镛　铁小辉

主　　审　韩光耀　上海同济工程咨询有限公司　专家委员会主任
　　　　　　谭光伟　江西中煤勘察设计总院有限公司　董事长
　　　　　　顾　靖　浙江上嘉建设有限公司　总工程师

主 任 单 位　中新创达咨询有限公司
　　　　　　　汉宁天际工程咨询有限公司
　　　　　　　晨越建设项目管理集团股份有限公司
　　　　　　　四川开元工程项目管理咨询有限公司
　　　　　　　金中证项目管理有限公司

副主任单位　长江勘测规划设计研究有限责任公司
　　　　　　　中国通信建设集团设计院有限公司
　　　　　　　深圳市昊源建设监理有限公司
　　　　　　　卓信工程咨询有限公司
　　　　　　　中建卓越建设管理有限公司
　　　　　　　泰禾云工程咨询有限公司
　　　　　　　中精信工程技术有限公司
　　　　　　　河南省全过程建设咨询有限公司
　　　　　　　山东德勤招标评估造价咨询有限公司
　　　　　　　云南云岭工程造价咨询有限公司
　　　　　　　江苏启越工程管理有限公司
　　　　　　　浙江中诚工程咨询有限公司
　　　　　　　鲁班软件股份有限公司
　　　　　　　河南理工大学
　　　　　　　青岛理工大学
　　　　　　　西安欧亚学院
　　　　　　　河北建筑工程学院

本书编写人员名单

主　编　呙春燕　贻林项目管理顾问有限公司　高级工程师
　　　　杨明芬　金中证项目管理有限公司　董事长
　　　　王孝云　泰禾云工程咨询有限公司　董事长
　　　　潘　敏　四川开元工程项目管理咨询有限公司　董事长
副主编　张江波　汉宁天际工程咨询有限公司
　　　　黄俊忠　江西凯烨畅建工程咨询有限公司
　　　　段　静　河南省全过程建设咨询有限公司
　　　　方一明　金中证项目管理有限公司
　　　　梁莎莎　卓信工程咨询有限公司
　　　　徐彩清　金中证项目管理有限公司
参　编　傅保禄　天津市爆破工程协会
　　　　石文铮　天津市普和市政建设工程有限公司
　　　　张淼鑫　山东德勤招标评估造价咨询有限公司
　　　　李纪庆　天津泰达建安工程管理咨询有限公司
　　　　舒伯灿　河北工业大学经济管理学院
　　　　肖美玲　河北工业大学经济管理学院

丛书序

2017年2月国务院办公厅发布的《关于促进建筑业持续健康发展的意见》（国办发〔2017〕19号）要求：培育全过程工程咨询。鼓励投资咨询、勘察、设计、监理、招标代理、造价等企业采取联合经营、并购重组等方式发展全过程工程咨询，培育一批具有国际水平的全过程工程咨询企业。制定全过程工程咨询服务技术标准和合同范本。政府投资工程应带头推行全过程工程咨询，鼓励非政府投资工程委托全过程工程咨询服务。在民用建筑项目中，充分发挥建筑师的主导作用，鼓励提供全过程工程咨询服务。

自2018年以来，各级部门通过招标网站发布的全过程工程咨询项目累计超过300个，上海同济工程咨询有限公司中标的"乌梁素海流域山水林田湖草生态保护修复试点工程项目全过程工程咨询服务"中标咨询费为3.7亿元，上海建科、上海同济、浙江江南、中冶赛迪、北京双圆、晨越建管等公司纷纷拿下咨询费用超过1亿元（或接近1亿元）的咨询项目。

我们深刻认识到全过程工程咨询是我国工程咨询业改革的重要举措，是我国工程建设管理模式的一次革命性创举，为此国家发展改革委和住房城乡建设部2019年3月15日推出《关于推进全过程工程咨询服务发展的指导意见》（发改投资规〔2019〕515号），明确全过程工程咨询分为投资决策综合性咨询和工程建设全过程咨询，要求充分认识推进全过程工程咨询服务发展的意义，以投资决策综合性咨询促进投资决策科学化，以全过程咨询推动完善工程建设组织模式，鼓励多种形式的全过程工程咨询服务市场化发展，优化全过程工程咨询服务市场环境，强化保障措施。

2019年10月14日山东省住房和城乡建设厅与山东省发展和改革委员会推出《关于在房屋建筑和市政工程领域加快推行全过程工程咨询服务的指导意见》（鲁建建管字〔2019〕19号），要求：政府投资和国有资金投资的项目原则上实行全过程工程咨询服务。这是全国第一个有强制性要求的全过程工程咨询指导意见，大力推进了山东省开展全过程工程咨询的力度，具有良好的示范效应。

2020年5月6日吉林省住房和城乡建设厅与吉林省发展和改革委员会《关于在房屋建筑和市政基础设施工程领域加快推行全过程工程咨询服务的通知》（吉建联发〔2020〕20号），要求：政府投资工程原则上实行全过程工程咨询服务，鼓励非政府投资工程积极采用全过程工程咨询服务。

2020年6月16日湖南省住房和城乡建设厅《关于推进全过程工程咨询发展的实施意见》（湘建设〔2020〕91号），要求：2020年，政府投资、国有资金投资新建项目全面推广全过程工程咨询；2021年，政府投资、国有资金投资新建项目全面采用全过程工程咨询，社会投资新建项目逐步采用全过程工程咨询；2025年，新建项目采用全过程工程咨询的比例达到70%以上，全过程工程咨询成为前期工作的主流模式，培育一批具有国际竞争力的工程咨询企业，培养与全过程工程咨询发展相适应的综合型、复合型人才队伍。

越来越多的省、市、自治区、直辖市在各地区推进全过程工程咨询的指导意见、实施意见中采用"原则上"等术语来要求政府投资项目全面采用全过程工程咨询的模式开展咨询服务工作。

从国家到地方，各级政府都在大力推进全过程工程咨询，而目前国内专业的全过程工程咨询类人才却十分匮乏。各建设单位、工程咨询、工程设计等企业目前已经开始在为自己储备专业性技术人员。全过程工程咨询并非简单地把传统的设计、监理、造价、招标代理、BIM建模等业务进行叠加，而是需要站在业主的角度对项目建设的全过程进行组织重塑和流程再造，以项目管理为主线、以设计为龙头、以BIM为载体，将传统做法中的多个流程整合为一个流程，在项目起始阶段尽早定义，提高项目管理效率，优化项目结构，大幅降低建造和咨询成本，驱动建筑业升级转型。

在张江波先生的带领下，来自企业、高校近200位专家、学者，历时三年的时间完成了对全过程工程咨询领域的共性问题、关键技术和主要应用的探索和研究，融合项目实践经验，编写出本套系统指导行业发展及实际操作的系列丛书，具有十分深远的意义。本套丛书凝聚了享有盛誉的知名行业专家的群体智慧，呈现并解决目前正在开展全过程工程咨询项目或已完成的全过程工程咨询项目在实施过程中出现的各种问题。

丛书紧扣当前行业的发展现状，围绕全过程工程咨询的六大阶段、十大传统咨询业务形态的融合，实现信息集成、技术集成、管理集成与组织集成的目标，总结和梳理了全过程工程咨询各阶段需要解决的关键问题及解决方法。丛书共有十个分册，分别是《全过程工程咨询实施导则》《全过程工程咨询总体策划》《全过程工程咨询项目管理》《全过程工程咨询决策阶段》《全过程工程咨询设计阶段》《全过程工程咨询施工阶段》《全过程工程咨询竣工阶段》《全过程工程咨询运维阶段》《全过程工程咨询投资管控》《全过程工程咨询信息管理》。相较于传统图书，本套丛书主要围绕以下五个方面进行编写：

（1）强调各阶段、各种传统咨询服务的融合，实现无缝隙且非分离的综合型咨询服务，是传统咨询的融合而非各类咨询服务的总包；

（2）强调集成与协同，在信息集成、技术集成、管理集成、组织集成的四个不同层面，完成从数据—信息—知识—资产的升级与迭代，在集成的基础上完成各项服务的协同作业；

（3）强调全过程风险管理，识别各阶段各业务类型的各种风险源，利用风险管理技术手段，有效规避和排除风险；

（4）强调"前策划、后评估"，重视在前期的总体策划，将全过程实施中足够丰富、准确的信息体现在设计文件、实施方案中，在后期实施时，采用"全过程工程咨询评价模型"来评估实施效果，用"全过程工程咨询企业能力评估模型"来评估企业的相关能力；

（5）强调与建筑行业市场化改革发展相结合的方针，将"全过程工程咨询"作为建筑行业技术服务整合交付的一种工程模式。

丛书内容全面，涉及工程从策划建设到运营管理的全过程，在组织模式上进行了较强的创新，体现出咨询服务的综合性和实用性，反映了全过程工程咨询的全貌，文字深入浅出，简洁明了，系统介绍了工程各阶段所需完成的任务及完成策略、方法、技术、工具，能为读者从不同应用范围、不同阶段及技术等角度了解全过程工程咨询提供很好的帮助，具有很高的指导意义和应用价值，必将对推动我国建筑行业的发展起到积极的作用。希望本丛书的出版，能够使建筑行业工作者系统掌握本领域的发展现状和未来发展，在重大工程的建设方面提供理论支撑和技术指导。

由于编者水平有限，书中的错误和疏漏在所难免，恳请读者与专家批评指正。

丛书总编：张江波 王宏毅

2021 年 7 月

丛书前言

为深入贯彻习近平新时代中国特色社会主义思想和党的十九大精神，深化工程领域咨询服务供给侧结构性改革，破解工程咨询市场供需矛盾，必须完善政策措施，创新咨询服务组织实施方式，大力发展以市场需求为导向、满足委托方多样化需求的全过程工程咨询服务模式。《国家发展改革委 住房城乡建设部关于推进全过程工程咨询服务发展的指导意见》（发改投资规〔2019〕515号）提出为深化投融资体制改革，提升固定资产投资决策科学化水平，进一步完善工程建设组织模式，提高投资效益、工程建设质量和运营效率，根据中央城市工作会议精神及《中共中央国务院关于深化投融资体制改革的意见》（中发〔2016〕18号）、《国务院办公厅关于促进建筑业持续健康发展的意见》（国办发〔2017〕19号）等要求，对房屋建筑和市政基础设施领域推进全过程工程咨询服务发展给出指导意见。意见指出要遵循项目周期规律和建设程序的客观要求，在项目决策和建设实施两个阶段，着力破除制度性障碍，重点培育发展投资决策综合性咨询和工程建设全过程咨询，为固定资产投资及工程建设活动提供高质量智力技术服务，全面提升投资效益、工程建设质量和运营效率，推动高质量发展。

作为供给体系的重要组成部分，固定资产投资及建设的质量和效率显著影响着供给体系的质量和效率。工程咨询业在提升固定资产投资及建设的质量和效率方面发挥着不可替代的作用。从项目前期策划、投资分析、勘察设计，到建设期间的工程管理、造价控制、招标采购，到竣工后运维期间的设施管理，均需要工程咨询企业为业主方提供有价值的专业服务。但传统工程咨询模式中各业务模块分割，信息流断裂，碎片化咨询的弊病一直为业主方所诟病，"都负责、都不负责"的怪圈常使业主方陷入被动。传统工程咨询模式已不能适应固定资产投资及建设对效率提升的要求，更无法适应"一带一路"建设对国际化工程咨询企业的要求。2017年2月，《国务院办公厅关于促进建筑业持续健康发展的意见》（国办发〔2017〕19号）文件明确提出"培育全过程工程咨询"，鼓励投资咨询、勘察、设计、监理、招标代理、造价等企业采取联合经营、并购重组等方式发展全过程工程咨询，培育一批具有国际水平的全过程工程咨询企业。同时，要求政府投资工程带头推行全过程工程咨询，并鼓励非政府投资项目和民用建筑项目积极参与。

在国家和行业的顶层设计下，全过程工程咨询已成为工程咨询业转型升级的大方向，如何深入分析业主方痛点,为业主方提供现实有价值的全过程咨询服务,是每一个工程咨询企业都需要深入思考的问题。与此同时,咨询企业应借助国家政策,谋划升级转型,增强综合实力,培养优秀人才,加快与国际先进的建设管理服务接轨,更好地服务于"一带一路"倡议。全过程工程咨询是我国工程建设领域的一次具有革命性意义的重大举措,它是建筑工程领域供给侧改革、中国工程建设领域持续健康发展的重要抓手,影响着我国工程建设领域的未来发展。

在全面推进全过程工程咨询的历史时刻,上海汉宁建筑科技有限公司董事长张江波先生与晨越建设项目管理集团股份有限公司董事长王宏毅先生于2018年5月经过两次深入的交流,决定利用双方在工程咨询领域长期的理论与实践探索,出版一套能够指导行业发展的系列丛书,这便有了这套"全过程工程咨询丛书"。编写这套丛书的意义在于从行业和产业政策出发,抓住长期影响中国工程建设的"慢变量",能够从理论和实践两个层面共同破除对全过程工程咨询的诸多误解,引导更多的从业者在正确的理论和方法指引下、在工程实践案例的指导下更好地开展全过程工程咨询。

本书从2018年7月份启动编写,编写过程中邀请了来自全国各地200多位专家学者共同参与到这套丛书的编写与审核,参与者们都是来自工程咨询一线、具有丰富的理论知识和实践经验的专家,经过将近一年时间的写作和审核,形成了一整套共10个分册的书稿。编写委员会希望本丛书能够成为影响全过程工程咨询领域开展咨询工作的标杆性文件和标准化手册,指引我国工程咨询领域朝着持续、健康的方向发展。

感谢编委会全体成员以及支持编写工作的领导、同仁和朋友们在本书写作、审核、出版过程中给予的关心,正是你们的支持才让本书的论述更加清晰、有条理,内容才能更加丰富、多元。

由于图书编写工作量十分巨大,时间比较紧张,难免有不足之处,欢迎广大读者予以指正。

前 言

建设领域人普遍认为建设工程竣工阶段工作是要求按照国家相关的法律、法规、标准、规范及省市、行业和地方的标准、规范及规定开展的严谨、规范的程序性工作。但事实上建设工程竣工阶段的工作除了常规意义上的竣工验收之外，还包括调试、联调、试运行、工程移交、工程保修、项目创优等工作。

本书从全过程工程咨询的角度，阐述了竣工验收阶段的管理的作用、原则和依据；系统而有层次地列明了全过程咨询竣工验收阶段最新的法律、法规及标准；依据《国家发展改革委 住房城乡建设部关于推进全过程工程咨询服务发展的指导意见》（发改投资规〔2019〕515号）的精神，重点论述了建设项目竣工阶段全过程咨询规划大纲的总体思路和内容，相信会给全过程工程咨询的各参与方带来实际而有价值的借鉴作用。

本书的其他亮点和独到之处是：竣工验收阶段的项目创优和增值服务，主要研究和借鉴获得鲁班奖项目竣工阶段管理分析总结，同时还借鉴行业顶级专家的最新理论和对行业最新政策及现状的深刻解读，导入最新的项目增值理论以供读者研究参考；笔者还特别将最新的我国已经获奖的国际最具影响力的建设行业大奖列入本书，以便立志走向国际市场并力争在国际上赢得声誉的建设行业同仁查询参考。

全书共7章，编写工作的具体分工如下：

呙春燕、杨明芬、王孝云、潘敏主编并负责统稿，张江波、黄俊忠、段静、方一明、梁莎莎、徐彩清担任副主编。编写工作分别由呙春燕主持编写第1、2章，杨明芬主持编写第3、4章，王孝云主持编写第5、6章，潘敏主持编写第7章，张江波、黄俊忠参与第1、2章编写，段静参与第3、7章编写，方一明参与第4章编写，梁莎莎参与第5章编写，徐彩清参与第6章编写。傅保禄、石文铮、张淼鑫、李纪庆、舒伯灿、肖美玲等人参与了资料收集和编写工作，并提出了宝贵意见，对编写工作提供了很大的帮助。

本书较为系统地介绍了全过程工程咨询竣工阶段所需开展的工作及工作程序，可供大家在工作中借鉴参考。由于编者水平有限，书中的不足之处在所难免，恳请读者与专家批评指正。

编 者

2022年1月

目　录

第1章　全过程工程咨询竣工验收管理概述　001
1.1　全过程工程咨询竣工验收管理的概念　001
1.2　全过程工程咨询竣工验收管理的作用　001
1.3　全过程工程咨询竣工验收管理的意义　002
1.4　全过程工程咨询竣工验收咨询的原则　002
1.4.1　竣工管理咨询原则　002
1.4.2　竣工验收管理的依据　003

第2章　全过程工程咨询竣工验收法律法规　004
2.1　竣工验收的条件　004
2.2　竣工验收标准　004
2.3　行业标准与规范　005
2.4　省市地方规定　006
2.5　其他依据　006

第3章　全过程工程咨询竣工验收咨询规划　008
3.1　建设项目竣工验收概述　008
3.2　国家法律法规　008
3.3　建设项目竣工的依据　009
3.4　建设项目竣工验收的条件　009
3.5　工程竣工验收阶段的流程　010
3.6　工程竣工验收的工作计划　011
3.6.1　专项工程验收计划　011
3.6.2　验收管理工作计划　011
3.7　工程竣工验收的机构组成及职责　011

3.7.1　工程竣工验收参验方组成　　　011
　　　3.7.2　工程竣工验收小组职责　　　011
　　　3.7.3　工程竣工验收参验方责任的确定　　　012
　3.8　工程竣工验收的实施工作内容　　　012
　　　3.8.1　竣工验收前准备工作　　　012
　　　3.8.2　竣工验收阶段工作　　　012
　　　3.8.3　竣工验收后的工作内容　　　013

第 4 章　全过程工程咨询竣工验收后主要工作管理组织与实施　　　014

　4.1　项目竣工结算组织与实施　　　014
　　　4.1.1　竣工结算的编制与实施　　　014
　　　4.1.2　竣工结算的审核与实施　　　016
　4.2　竣工档案备案组织与实施　　　017
　　　4.2.1　竣工档案备案工作内容　　　017
　　　4.2.2　建设项目竣工验收备案的组织与实施　　　017
　　　4.2.3　各专项验收工作　　　018
　　　4.2.4　档案预验收、档案移交所需资料　　　020
　4.3　项目缺陷责任期和保修期工作的组织与实施　　　024
　　　4.3.1　项目缺陷责任期的咨询实施内容　　　024
　　　4.3.2　工程保修期的咨询实施内容　　　024
　4.4　项目竣工移交的组织与实施　　　026
　　　4.4.1　项目竣工档案移交工作　　　026
　　　4.4.2　项目竣工实体移交　　　028
　　　4.4.3　项目数字化成果交付　　　028
　4.5　项目竣工决算组织与实施　　　029
　　　4.5.1　项目竣工决算咨询工作内容　　　029
　　　4.5.2　项目竣工决算的作用　　　030
　　　4.5.3　项目竣工决算的编制　　　030
　4.6　项目后评价的组织与实施　　　036
　　　4.6.1　项目后评价工作的依据　　　037
　　　4.6.2　项目后评价工作内容　　　037
　　　4.6.3　建设项目后评价的方法　　　038
　　　4.6.4　建设项目后评价的总结　　　041

  4.6.5 建设项目后评价报告范本 042
  4.6.6 建设项目管理绩效评价 046
  4.6.7 项目后评价与绩效评价的区别 049

第 5 章 全过程工程咨询竣工阶段运维咨询 050

5.1 项目运维咨询建议的内容 050
5.2 项目运维咨询建议书参考模板 051
5.3 运维的培训服务 051

第 6 章 全过程工程咨询竣工阶段的项目创优和增值服务 052

6.1 全过程工程咨询增值服务概述 052
  6.1.1 增值服务概念 052
  6.1.2 全过程工程咨询增值 052
  6.1.3 把握技术创新需求，搭建技术创新平台 055
  6.1.4 快速培养高端咨询人才，提高咨询产品创新能力 056
  6.1.5 全过程工程咨询的优势分析总结 056
  6.1.6 宏观分析和政策导向 057
6.2 建设项目领域创优奖项的介绍 058
  6.2.1 国外项目建设领域创优奖项的介绍 058
  6.2.2 国内项目建设领域创优奖项的介绍及评定标准 061
6.3 各省市建设领域创优奖项的咨询 064

第 7 章 全过程工程咨询竣工阶段咨询案例 066

7.1 工程概况 066
7.2 创优策划 067

参考文献 099

第1章 全过程工程咨询竣工验收管理概述

1.1 全过程工程咨询竣工验收管理的概念

建设项目竣工验收阶段是项目建设期的最后一个程序，包含建设项目的竣工验收和交付。该阶段是全面验收考核建设项目的设计、施工等质量是否符合要求，审查建设投资控制是否合理，投资成果能否顺利投入使用的关键环节。在这一阶段，全过程工程咨询进入竣工管理阶段，从整体上看，实行竣工验收制度，是国家全面考核工程项目决策、设计、施工及设备制造安装质量，总结项目建设经验，提高项目管理水平的重要环节。该阶段是全过程工程咨询项目负责人主要依据《全过程咨询委托合同》和《建设工程项目管理规范》(GB/T 50326—2017) 的约定，根据国家相关法律、法规、行业规范、标准，当地省、市管理单位和行业管理部门制定的规定以及委托方的相关验收文件要求，对建设项目竣工验收的竣工收尾、验收、结算、决算、回访保修、管理考核评价等工作进行规划、指导、组织、实施，为完成竣工验收阶段提供集成的咨询管理工作。

全过程工程咨询的竣工验收管理目的是通过全过程工程咨询竣工验收管理的规划、指导、组织和实施等工作，使建设项目的竣工验收按计划完成和顺利交付。

1.2 全过程工程咨询竣工验收管理的作用

全过程工程咨询竣工验收管理的作用在于解决竣工验收中的诸多问题，包括且不限于：
① 通过验收管理的咨询，全面考核建设成果，检查设计、工程质量是否符合要求，确

保建设项目按要求的各项技术经济指标正常使用。

② 通过验收管理的咨询，总结设计的不足，提升建设项目的设计质量。

③ 通过验收管理的咨询，总结项目管理的不足，提升建设项目的管理水平。

④ 通过验收管理的缺陷期咨询，为项目运维阶段提供有价值的建议。

⑤ 通过竣工验收办理固定资产使用手续，可以总结工程建设经验，为提高建设项目的经济效益和管理水平提供重要依据。

⑥ 通过建设项目验收，国家可以全面考核项目的建设成果，检验建设项目决策、设计、设备制造和管理水平，总结建设经验。

因此，竣工验收管理是建设项目转入投产使用的必要环节。

1.3　全过程工程咨询竣工验收管理的意义

通过全过程工程咨询的竣工验收管理，系统地对建设质量、成本进行全面检查和核查，以检验项目建设是否达成项目的建设目标，处理及解决项目建设的工程缺陷，为实现项目顺利交付使用和运营提供技术、安全等保证，其主要表现为以下几点：

① 建设项目通过验收管理咨询如期投入使用，实现项目建设的目标。

② 通过验收管理咨询，明确工程缺陷，约定保修责任。

③ 通过验收管理咨询，消除工程缺陷隐患，保障项目后期运营管理的顺利。

④ 通过验收管理咨询，总结项目建设期的经验和不足，不断完善和提高项目建设管理的水平。

1.4　全过程工程咨询竣工验收咨询的原则

1.4.1　竣工管理咨询原则

全过程竣工管理咨询是以技术为基础，综合运用多学科知识、工程实践、现代科学和管理方法，为投资建设项目决策与实施全过程以及经济社会发展提供咨询和管理的智力服务。全过程竣工管理咨询服务贯穿投资项目建设全过程，要开展好竣工管理咨询服务，就必须遵循以下原则。

独立，是指全过程竣工管理咨询单位应具有独立的法人地位，不受客户和其他方面偏好、意图的干扰，独立自主地执业，对自己完成的咨询管理成果独立承担法律责任。全过程竣工管理咨询单位的独立性，是其从事市场中介服务的法律基础，是坚持客观、公正立场的前提条件，是赢得社会信任的重要因素。

科学，是指全过程竣工管理咨询的依据、方法和过程应具有科学性。全过程竣工管理咨询的科学性，要求实事求是，了解并反映客观、真实的情况，据实比选，据理论证，不弄虚作假；要求符合科学的工作程序、咨询标准和行为规范，不违背客观规律；要求体现科学发展观，运用科学的理论、方法、知识和技术，使咨询成果经得住时间和历史的检验。全过程竣工管理咨询科学化的程度，决定咨询管理的水准和质量，进而决定咨询成果是否可信、可靠、可用。

公正，是指在全过程竣工管理咨询工作中，坚持原则，持公正立场。全过程竣工管理咨询的公正性，并非无原则地调和或折中，也不是简单地在矛盾的双方保持中立。在业主、咨询工程师、承包商三者关系中，对不符合宏观规划、政策的项目，要敢于提出并坚持不同意见，帮助委托方优化方案，甚至作出否定的咨询结论。这既是对国家、社会和人民负责，也是对委托方负责，因为不符合宏观要求的盲目发展，不可能取得长久的经济和社会效益，最终可能成为委托方的历史包袱。因此，工程咨询是原则性、政策性很强的工作，既要忠实地为委托方服务，又不能完全以委托方满意度作为评价工作好坏的唯一标准。

1.4.2　竣工验收管理的依据

竣工验收管理的依据可以概括为以下几项内容：

① 上级主管部门对该项目批准的各种文件。
② 可行性研究报告、初步设计文件及批复文件。
③ 施工图设计文件及设计变更洽商记录。
④ 国家颁布的各种标准和现行的施工质量验收规范。
⑤ 工程承包合同文件。
⑥ 技术设备说明书。
⑦ 关于工程竣工验收的其他规定。
⑧ 从国外引进的新技术和成套设备的项目，以及中外合资建设项目，要按照签订的合同和进口国提供的设计文件等进行验收。
⑨ 利用世界银行等国际金融机构贷款的建设项目，应按世界银行规定，按时编制"项目完成报告"。

第 2 章 全过程工程咨询竣工验收法律法规

2.1 竣工验收的条件

根据国务院《建设工程质量管理条例》规定，竣工验收应当具备以下条件：
① 完成建设工程设计和合同约定的各项工程内容。
② 有完整的技术档案和施工管理资料。
③ 有工程使用的主要建筑材料、建筑构配件和设备的进场试验报告。
④ 有勘察、设计、施工、工程监理等单位分别签署的质量合格文件。
⑤ 发包人已按合同约定支付工程款。
⑥ 有承包人签署的工程质量保修书。
⑦ 建设行政主管部门及工程质量监督机构等有关部门的历次抽查中，责令整改的全部文件。
⑧ 工程项目前期审批手续齐全。

2.2 竣工验收标准

根据国家有关规定，建设项目竣工验收、交付生产使用，必须符合以下要求：
① 生产性项目和辅助、公用设施以及必要的生活设施，已按批准的设计文件要求建成，能满足生产、生活使用需要，经试运行达到设计能力。

② 主要工艺设备和配套设施经联动负荷试车合格，形成生产能力，能够生产出设计文件所规定的产品。

③ 生产准备工作能适应投产的需要，其中包括生产指挥系统的建立、经过培训的生产操作人员的配备、抢修队伍及装备，生产所需的原材料、燃料和备品备件的储备，经验收检查能够满足连续生产要求。

④ 环境保护设施、劳动安全卫生设施和消防设施、节能降耗设施、降尘降噪设备设施，已按设计要求与主体工程同时建成使用。

⑤ 生产性投资项目如工业项目的土建工程、安装工程、人防工程、管道工程、通信工程等工程的施工和竣工验收，必须按照国家和行业施工质量验收规范执行。

2.3 行业标准与规范

国家发展和改革委员会负责指导和规范全国工程咨询行业发展，制定相关工程咨询单位从业规则和标准，组织开展对工程咨询单位及其人员执业行为的监督管理。地方各级发展改革部门负责指导和规范本行政区域内工程咨询行业发展。

全过程竣工管理咨询单位的每一种行为都应严格遵循行业的标准规范。只有在合法范围内，做出的行为才会被国家承认，从而得到国家的保护。全过程竣工管理咨询活动作为建筑行业活动中的重要组成部分，其行为理所应当要受到相关法律法规的约束与规范。正是有了行业标准、规范的规定，全过程竣工管理咨询单位应更加明确自己必须做、不能做、可以做的咨询管理行为的范围，从而接受相关法律的指导与规范。为促进我国全过程竣工管理咨询适应市场竞争的要求，应综合吸取行业法律法规和市场管理经验，促进并完善咨询管理服务体系。部分相关行业指导文件见表2-1。

表2-1 建筑行业标准、规范

序号	名称	序号	名称
1	建筑工程施工质量验收统一标准	13	绿色建筑工程验收标准
2	建设工程监理规范	14	大体积混凝土施工标准
3	建设工程造价咨询规范	15	工程测量规范
4	建设工程文件归档规范	16	建筑工程质量管理标准
5	照片档案管理规范	17	装配式混凝土结构技术规程
6	技术制图 复制图的折叠方法	18	民用建筑电气设计要点
7	科学技术档案案卷构成的一般要求	19	钢筋焊接及验收规程
8	声像档案建档规范	20	钢筋焊接接头试验方法标准
9	建设项目工程结算编审规程	21	建筑工程冬期施工规程
10	建设项目档案管理规范	22	钢筋机械连接技术规程
11	建筑装饰装修工程质量验收标准	23	外墙饰面砖工程施工及验收规程
12	水利水电建设工程验收规程	24	金属与石材幕墙工程技术规范

续表

序号	名称	序号	名称
25	外墙外保温工程技术标准	45	钢管混凝土工程施工质量验收规范
26	公共建筑节能检测标准	46	钢结构工程施工质量验收标准
27	装配整体式混凝土结构工程施工与质量验收规程	47	钢结构工程施工规范
28	绿色建筑评价标准	48	房屋建筑和市政基础设施工程质量检测技术管理规范
29	绿色校园评价标准	49	铝合金结构工程施工质量验收规范
30	建设工程项目管理规范	50	人民防空工程施工及验收规范
31	木结构工程施工质量验收规范	51	建筑内部装修防火施工及验收规范
32	砌体结构工程施工质量验收规范	52	火灾自动报警系统施工及验收标准
33	建筑装饰装修工程施工技术标准	53	自动喷水灭火系统施工及验收规范
34	建筑工程施工质量评价标准	54	综合布线系统工程验收规范
35	建筑节能工程施工质量验收标准	55	智能建筑工程质量验收规范
36	混凝土结构工程施工质量验收规范	56	民用建筑工程室内环境污染控制技术规程
37	地下工程防水技术规范	57	建筑给水排水及采暖工程施工质量验收规范
38	地下防水工程质量验收规范	58	通风与空调工程施工质量验收规范
39	屋面工程技术规范	59	建筑电气工程施工质量验收规范
40	屋面工程质量验收规范	60	电梯工程施工质量验收规范
41	建筑地面工程施工质量验收规范	61	声环境质量标准
42	建筑地基基础工程施工质量验收标准	62	环境空气质量标准
43	混凝土结构工程施工规范	63	城市建设档案著录规范
44	混凝土质量控制标准	64	建筑工程绿色施工评价标准

2.4 省市地方规定

竣工验收管理咨询服务离不开国家行政管理部门发布的法律法规、规章和相关的国家级的验收标准和验收规范。同时因各省市的环境和条件不同，在国家相关法律法规、相应的验收标准和规范的基础上，各省、自治区、直辖市又补充编制了各地区的补充标准和规范。各地区的标准规范的效力仅次于国家相应的标准和规范，但工程建设过程中也必须严格遵照执行。

2.5 其他依据

全过程竣工管理咨询必须以国家和部委发布的有关工程建设的法律、法规、规章和标准以及各省市发布的相关规范性文件为准则。同时还应根据不同建设项目的特殊性，按照相应的"竣工验收管理办法和实施细则"规定执行。具体还要依据国家有关行政主管部门对该项目的批复文件，包括可行性研究报告及批复文件、环境影响评价报告及批复文件、具体项目的经批准的设计文件（含变更设计）、合同文件、本项目监理单位总监理工程师对竣工报告的签署意见及项目建设有关的各种文件。对于县级以下的相关管理机构的一些特殊规定，按当地相关机构的规定执行，在本书中就不分别详细赘述。

第3章 全过程工程咨询竣工验收咨询规划

3.1 建设项目竣工验收概述

在编制咨询规划时，应在竣工验收概述里描述建设项目名称、项目建设内容、建设目标、建设规模、投资总额、项目地址、工程分类、结构型式、合同工期及实际工期、质量标准、监督单位及各参建单位名称和主要负责人、项目建设管理过程中的重大事项（含变更、工期、质量、投资等）等以及其他需要说明的内容。同时还应说明是否受建设方的委托，全过程工程咨询竣工管理的工作内容，授权范围等。

3.2 国家法律法规

国务院发展改革部门对全过程工程咨询活动实施统一指导和监督管理，国务院相关部门按照国务院规定的职责分工协助开展工程咨询活动的监督管理，贯彻国家方针政策，保障社会公共利益和公众安全。全过程竣工管理咨询单位要依法履行职能，加强行业自律管理，规范单位从业人员的市场行为。开展行业信息统计调查，为国家决策和实行行业管理提供依据。推动全过程竣工管理咨询服务诚信体系建设，始终提供优质服务，保持廉洁，承诺并履行本行业的社会责任。

为加强对全过程竣工管理咨询活动的管理，促进全过程竣工管理咨询服务业健康发展，发挥好全过程竣工管理咨询在投资建设领域的作用，工程咨询企业应始终贯彻、遵循相关国家法律法规，其相关文件信息见表3-1。

表 3-1 建筑业国家法律法规

序号	名称	序号	名称
1	中华人民共和国建筑法	9	国家基本建设委员会关于编制基本建设项目竣工图的几项暂行规定
2	建设工程质量管理条例	10	建设项目（工程）竣工验收办法
3	国务院关于修改部分行政法规的规定	11	市政工程施工技术资料管理规定
4	中华人民共和国档案法	12	基本建设项目档案资料管理暂行规定
5	中华人民共和国标准化法	13	中共中央 国务院关于深化投融资体制改革的意见
6	中华人民共和国安全生产法	14	国务院办公厅关于促进建筑业持续健康发展的意见
7	中华人民共和国环境保护法	15	国家发展改革委 住房城乡建设部关于推进全过程工程咨询服务发展的指导意见
8	工程建设标准强制性条文	16	中华人民共和国政府信息公开条例

3.3 建设项目竣工的依据

建设项目竣工的依据包括但不限于：
（1）国家相关的法律、法规。
（2）部委及行业的相关标准、规范、条例。
（3）省、市颁布的验收规范、标准、规定。
（4）建设项目的相关文件：
① 建设承包合同文件及合同约定的关于涉及工程质量、经济方面的相关文件。
② 建设项目决策阶段、勘察、设计等文件。
③ 设备说明书、设备设计文件及其他相关文件。
④ 利用世界银行等国际金融机构贷款的建设项目，应按国际金融机构规定文件执行。

3.4 建设项目竣工验收的条件

根据国务院发布的《建设工程质量管理条例》的规定，建设单位收到建设工程竣工报告后，应当组织设计、施工、工程监理等有关单位进行竣工验收。建设工程竣工验收应当具备下列条件：
① 完成建设工程设计和合同约定的各项内容。
② 有完整的技术档案和施工管理资料。
③ 有工程使用的主要建筑材料、建筑构配件和设备的进场试验报告。
④ 有勘察、设计、施工、工程监理等单位分别签署的质量合格文件。
⑤ 有施工单位签署的工程保修书。

3.5 工程竣工验收阶段的流程

常用的工程竣工验收阶段的流程如图 3-1 所示，但全过程工程咨询竣工验收管理的负责人应结合本地质量监督管理部门的规定和合同约定，具体制定适用于咨询服务项目的工程竣工验收阶段的流程。

竣工验收准备工作：

1. 施工单位自检评定
单位工程完工后，施工单位对工程进行质量检查，确认符合设计文件及合同要求后，填写"工程竣工验收申请表"，并经项目经理和施工单位负责人签字。

2. 监理单位组织预验收
监理单位收到"工程竣工验收申请表"后，应对施工单位的验收资料审查，组织三方对工程进行现场质量核查，对核查出的问题制定整改计划并督促整改完成。

3. 监理单位提交"工程质量评估报告"
监理单位在预验收完成后，应全面审查施工单位的验收资料，整理监理资料，对工程进行质量评估，提交"工程质量评估报告"，该报告应经总监及监理单位负责人审核、签字。

4. 勘察、设计单位提出"质量检查报告"
勘察、设计单位对勘察、设计文件及施工过程中由设计单位签署的设计变更通知书进行检查，并提交"质量检查报告"，该报告应经项目负责人及单位负责人审核、签字。

5. 监理单位组织初验
监理单位邀请建设、勘察、设计、施工等单位对工程质量进行初步检查验收。各方对存在问题提出整改意见，施工单位整改完成后填写整改报告，监理单位填写整改情况说明。初验合格后，由施工单位向建设单位提交"工程验收报告"。

6. 建设单位提交验收资料，确定验收时间
建设单位对竣工验收条件、初验情况及竣工验收资料核查合格后，填写"竣工项目审查表"，该表格应经建设单位负责人审核、签字。建设单位向质监站收文窗口提交竣工验收资料，送达"竣工验收联系函"；质监站收文窗口核对竣工资料完整性后，确定竣工验收时间，发出"竣工验收联系函复函"。

竣工验收工作：

7. 竣工验收
建设单位主持验收会议，组织验收各方对工程质量进行检查，提出整改意见。
验收监督人员到工地现场对工程竣工验收的组织形式、验收程序、执行验收标准等情况进行现场监督，发现有违反规定程序、执行标准或评定结果不准确的，应要求有关单位改正或停止验收。对未达到国家验收标准合格要求的质量问题，签发监督文书。

8. 施工单位按验收意见进行整改
施工单位按照验收各方提出的整改意见及"责令整改通知书"进行整改。整改完毕后，建设、监理、设计、施工单位对"工程竣工验收整改意见处理报告"签字盖章确认后，将该报告与"工程竣工验收报告"送质监站技术室。对公共建筑、商品住宅及存在重要的整改内容的项目，监督人员参加复查。

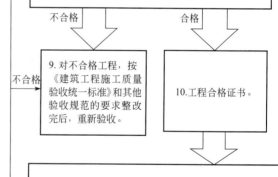

图 3-1 建筑工程竣工验收流程图

3.6 工程竣工验收的工作计划

3.6.1 专项工程验收计划

建设项目的专项工程验收内容及进程一般为：防雷验收（竣工验收前）、园林绿化验收（竣工验收前）、节能验收（竣工验收前）、档案预验收（竣工验收前）、规划验收（竣工验收后档案备案前）、消防验收（竣工验收后档案备案前）、环保验收（竣工验收后档案备案前）、人防验收（竣工验收后档案备案前）、档案验收备案。

专项工程验收计划的编制需根据国家和部门颁布的法律法规及当地专业主管部门颁布的其他相关文件，制定各专项工程的验收计划。

专项工程的验收计划应含验收小组的建立、前置条件的预验收、问题处理、验收资料的准备、提请申请、组织验收、验收批复或报备的时间计划安排和组织等工作，采用工作进度横道图形式表示。

3.6.2 验收管理工作计划

竣工验收工作计划按竣工验收计划的流程编制机构建立、工程预验收、问题整改、验收资料预验、竣工验收、各专项验收、档案备案、项目交付、项目后评价时间节点计划安排。

3.7 工程竣工验收的机构组成及职责

3.7.1 工程竣工验收参验方组成

竣工验收参验方的组成按照《建设工程项目管理规范》及国家相关法律法规和地方规定确定，一般包括建设方、勘察方、设计方、监理方、承包方、监管部门、咨询方等各方，在建议委托人确定后期运维单位的情况下，也包括运维方。涉及相关行业的应由行业主管部门、进口设备提供商等单位组成竣工验收小组。

竣工验收小组确定后，确定验收小组负责人和各分项工作负责人，如复杂性项目应分专业验收负责人等。

3.7.2 工程竣工验收小组职责

确定竣工验收参验方人员后，应按《建设工程项目管理规范》及国家相关法律法规和地方规定划分验收小组的职责。

① 竣工验收小组负责对工程实体质量及建设情况进行全面检查。
② 对工程质量进行评分。
③ 对各参建单位及建设项目进行综合评价。
④ 确定工程质量和建设项目等级，形成工程竣工验收鉴定书。
⑤ 确定主要各参与方的职责。
⑥ 建设方负责竣工验收的总体管理，提交项目执行报告，协助竣工验收小组开展工作。
⑦ 全过程咨询方受建设方委托对竣工验收进行管理、组织、协调，组织整理提交验收

工作所需资料，组织竣工验收小组开展工作并提供技术指导。

⑧ 勘察方对勘察文件及实施过程中由勘察单位参加签署的更改原设计的资料进行检查后，确认项目实施符合勘察文件要求，提交勘察报告，配合竣工验收检查工作。

⑨ 设计方对设计文件及实施过程中由设计单位参加签署的更改原设计的资料进行检查后，确认项目实施符合设计文件要求，设计方负责提交设计工作报告，配合竣工验收检查工作。

⑩ 监理单位负责提交监理工作报告，提供工程监理资料，配合竣工验收检查工作。

⑪ 承包方提交施工总结报告，提供各种资料，配合竣工验收检查工作。

⑫ 运维方项目验收中提出对后期运维的设计、施工的影响因素及改进措施和项目交付要求清单。

3.7.3 工程竣工验收参验方责任的确定

根据住房和城乡建设部关于印发《建筑工程五方责任主体项目负责人质量终身责任追究暂行办法》的通知要求和国家相关法律法规及地方规定，结合本项目确定主要工程竣工验收参验方的责任。

① 建设单位项目负责人对工程质量承担全面责任。

② 勘察单位项目负责人应当保证勘察文件符合法律法规和工程建设强制性标准的要求，对因勘察导致的工程质量事故或质量问题承担责任。

③ 设计单位项目负责人应当保证设计文件符合法律法规和工程建设强制性标准的要求，对因设计导致的工程质量事故或质量问题承担责任。

④ 施工单位项目经理应当按照经审查合格的施工图设计文件和施工技术标准进行施工，对因施工导致的工程质量事故或质量问题承担责任。

⑤ 监理单位总监理工程师应当按照法律法规、有关技术标准、设计文件和工程承包合同进行监理，对施工质量承担监理责任。

⑥ 全过程工程咨询方按全过程咨询委托协议约定对竣工验收的组织承担履约责任。

3.8 工程竣工验收的实施工作内容

3.8.1 竣工验收前准备工作

竣工验收准备阶段主要组织和协调的工作内容如下。

① 工程完成后的预验收工作。
② 竣工资料的收集整理工作。
③ 专项工程验收。
④ 工程质量问题整改工作。
⑤ 工程质量问题整改验收工作。
⑥ 工程验收控制重点的预控工作。

3.8.2 竣工验收阶段工作

竣工验收主要组织和协调的工作：

① 检查工程实体质量。
② 检查各工程建设参与方提供的竣工资料。
③ 对建筑工程的使用功能进行抽查、试验。
④ 对竣工验收情况进行汇总讨论，并听取质量监督机构对该工程工程质量监督情况。
⑤ 对验收过程中发现达不到竣工验收标准的严重问题，验收小组责成责任单位立即整改，并宣布本次验收无效，重新确定时间组织竣工验收。
⑥ 对竣工验收小组各方不能形成一致竣工验收意见时，咨询方应当协商提出解决办法，待意见一致后，重新组织工程竣工验收。当协商不成时，应报建设行政主管部门或质量监督机构进行协调裁决。
⑦ 形成竣工验收意见，填写"建设工程竣工验收备案表"和"建设工程竣工验收报告"，验收小组人员分别签字并盖公章、建设单位盖章。

3.8.3 竣工验收后的工作内容

竣工验收后的工作内容如下：
① 单项工程的组织验收。
② 建设工程竣工结算。
③ 建设工程竣工档案备案。
④ 建设项目的缺陷保修工作。
⑤ 建设项目的竣工交付。
⑥ 建设项目的后评价工作。

对于竣工验收后的工作内容的组织和实施，本书在第 4 章详细地进行介绍、分析和说明。

第4章 全过程工程咨询竣工验收后主要工作管理组织与实施

4.1 项目竣工结算组织与实施

建设项目完工并经验收合格后,应对所完成的工程项目进行全面的工程结算。竣工结算是指按工程进度、施工合同、施工监理情况办理的工程价款结算,以及根据工程实施过程中发生的超出施工合同范围的工程变更情况,调整施工图预算价格,确定工程项目最终结算价格。它分为单位工程竣工结算、单项工程竣工结算和建设项目竣工总结算。竣工结算工程价款等于合同价款加上施工过程中合同价款调整数额减去预付及已结算的工程价款再减去保修金。

经发承包双方确认的竣工结算文件是发包方最终支付工程款的依据,也是核定新增固定资产和工程项目办理交付使用、验收的依据。

4.1.1 竣工结算的编制与实施

单位工程竣工结算由承包人编制,发包人审查;实行总承包的工程,由具体承包人编制,在总承包人审查的基础上,发包人审查。单项工程竣工结算或建设项目竣工总结算由总(承)包人编制,发包人可直接审查,也可以委托具有相应资质的工程造价咨询机构进行审查。

结算是在施工完成后编制的,反映的是基本建设工程的实际造价。

4.1.1.1 结算编制的依据

① 国家有关的法律、法规、规章制度和相关的司法解释。

② 国务院有关建设行政主管部门以及各省、自治区、直辖市和有关部门发布的工程造价计价标准、计价办法、有关规定和相关解释。

③ 施工发承包合同、分包合同及补充合同、材料及设备采购协议。

④ 招投标文件、投标承诺、中标报价书及其组成内容。

⑤ 工程竣工图或施工图、施工图会审记录、经批准的施工组织设计以及设计变更、工程洽商和相关会议纪要。

⑥ 经批准的开竣工报告或停工复工报告。

⑦ 建设工程工程量清单计价规范或工程预算定额、费用定额及价格信息、调价规定等。

⑧ 影响工程造价的相关资料。

4.1.1.2 结算编制及结算文件组成

① 根据工程竣工图或施工图以及经批准的施工组织设计进行现场踏勘并做好书面或影像记录。

② 按招投标文件、施工合同约定的方式和相应的工程量计算规则,计算分部分项工程、措施项目和其他项目的工程量。

③ 按招投标文件、施工合同规定计价原则和计价办法,对分部分项工程、措施项目和其他项目进行计价。

④ 对于工程量清单或定额缺项以及采用新设备、新材料、新工艺的应根据施工过程中的合理消耗和市场价格,编制综合单价或单位估价分析表。

⑤ 过程索赔应按合同约定的处理原则、程序、计算方法提出索赔费用。

⑥ 汇总计算工程费用,包括编制分部分项工程费、措施项目费、其他项目费、规费和税金,初步确定工程结算价格。

⑦ 编写编制说明。

⑧ 计算和分析主要技术经济指标。

⑨ 编制工程结算的初步成果文件。

4.1.1.3 结算编制成果文件提交

结算成果文件一般都有标准格式,各单位可根据自身项目特点和本单位的规定自行调整或确定格式。总体来说,基本与行业标准参考格式大同小异。

① 工程结算书封面,包括工程名称、编制单位和印章、日期等。

② 签署页,包括工程名称、编制人、审核人、审定人姓名和执业印章、编制单位负责人印章、日期等。

③ 目录。

④ 工程结算编制说明。

⑤ 工程结算相关表格:工程结算汇总表、单项工程结算汇总表、单位工程结算汇总表、分部分项(措施、其他、零星)结算汇总表、工程结算分析表及其他必需的结算表格。

⑥ 必要的附件。

按照编制单位要求的复核程序，经各级审核确认后，提交结算成果文件。

4.1.2 竣工结算的审核与实施

竣工结算审核咨询工作应依据《建设项目工程结算编审规程》(CECA/GC 3—2010)开展。

4.1.2.1 结算审核的依据

① 工程结算审查委托合同和完整有效的工程结算文件。

② 国家有关的法律、法规、规章制度和相关的司法解释。

③ 国务院有关建设行政主管部门以及各省、自治区、直辖市和有关部门发布的工程造价计价标准、计价办法、有关规定和相关解释。

④ 施工发承包合同、分包合同及补充合同、材料及设备采购协议。

⑤ 工程竣工图或施工图、施工图会审记录、经批准的施工组织设计以及设计变更、工程洽商和相关会议纪要。

⑥ 工程结算审查的其他专项规定。

⑦ 建设工程工程量清单计价规范或工程预算定额、费用定额及价格信息、调价规定等。

⑧ 影响工程造价的相关资料。

4.1.2.2 结算审核的审查内容和方法

在审核基本建设工程结算时，主要审查以下事项：

① 审查结算资料的真实性、准确性和完整性。

② 工程量计算是否符合规定的计算规则，是否准确。

③ 分项工程预算定额套用是否合规，选用是否恰当。

④ 工程取费是否执行相应计算基数和费率标准。

⑤ 设备、材料用量是否与定额含量或设计含量一致。

⑥ 设备、材料是否按国家定价或市场价计价。

⑦ 利润和税金的计算基数、利润率、税率是否符合规定。

⑧ 工程实施过程中发生的设计变更和现场签证。

⑨ 工程材料和设备价格的变化情况。

⑩ 工程实施过程中的建筑经济政策变化情况。

⑪ 补充合同的内容。

结算审核依据发承包合同规定的结算方法，依据不同的结算类型采用不同的审查方法，具体如下：

① 收集和整理作为竣工结算审核项目的相关依据及资料。

② 组织接受经监理单位审核的送审资料的交验、核实、签收工作，并应对资料缺陷向监理单位提出书面意见及要求。

③ 组织现场踏勘核实，召开审核会议，澄清并提出补充依据性资料和必要的弥补性措施。

④ 形成会商纪要，进行计量、计价审核与核对工作、完成初步审核报告等。

⑤ 就初步审核报告与承包人及委托人进行沟通，召开协调会议，处理分歧事项，形成

竣工结算审核成果文件。

⑥ 签认"竣工结算审核定案表"各相关方签章后，提交竣工结算审核报告并存档。

4.1.2.3 结算审核成果文件形式

结算审核成果文件一般都有标准格式，总体来说，行业标准参考格如下：

① 审查报告封面，包括工程名称、编制单位和印章、日期等。

② 签署页，包括工程名称、审查编制人、审定人姓名和执业印章、编制单位负责人印章、日期等。

③ 结算审查报告目录。

④ 工程结算审查报告说明。

⑤ 工程结算审查相关表格，包括：结算审定签署表、工程结算审查汇总对比表、单项工程结算汇总对比表、单位工程结算审查汇总对比表、分部分项（措施、其他、零星）结算审查对比表、工程结算审核分析表及其他必须的结算审查表格。

⑥ 必要的附件。

按照结算审查单位要求的复核程序，经各级审核确认后，提交完整的结算审核成果文件。

4.2 竣工档案备案组织与实施

4.2.1 竣工档案备案工作内容

① 施工单位自检合格并且符合《房屋建筑工程和市政基础设施工程竣工验收暂行规定》的要求后方可进行竣工验收。

② 施工单位在工程完工后向建设单位提交工程竣工报告，申请竣工验收，并经总监理工程师签署意见。

③ 对符合竣工验收要求的工程，建设单位负责组织勘察、设计、监理等单位组成的专家组实施验收。

④ 建设单位必须在竣工验收 7 个工作日前将验收的时间、地点及验收组名单书面通知负责监督该工程的工程质量监督机构。

⑤ 建设单位应在工程竣工验收合格后 15 日内，依照《房屋建筑工程和市政基础设施工程竣工验收备案管理暂行办法》备齐报送资料，及时到建设项目所在地的县级以上地方人民政府建设行政主管部门及备案机关备案。

⑥ 工程质量监督机构应在竣工验收之日起 5 个工作日内，向备案机关提交工程质量监督报告。

⑦ 城建档案管理部门对工程档案资料按国家法律法规要求进行预验收，并签署验收意见。

⑧ 备案机关在验证竣工验收备案资料齐全后，在工程竣工验收备案表上签署验收备案意见，工程竣工验收备案表一式两份，一份建设单位保存，一份留备案机关存档。

4.2.2 建设项目竣工验收备案的组织与实施

建设单位办理工程竣工验收备案时应提交如下文件资料：

① 工程竣工验收备案表一式三份。

② 大型工程施工图审查合格证明（复印件一份）。
③ 工程施工许可证和开工报告（复印件一份）。
④ 建设工程规划许可证及规划验收合格证（复印件一份）。
⑤ 地基、基础、主体工程质量验收证明书。
⑥ 工程竣工验收报告。
⑦ 勘察单位工程质量检查报告（合格证明书）。
⑧ 设计单位工程质量检查报告（合格证明书）。
⑨ 建设工程质量施工单位（竣工）报告。
⑩ 竣工验收监理评估报告。
⑪ 工程质量事故鉴定及处理报告。
⑫ 施工单位签署的工程质量保修书。
⑬ 档案馆出具的工程档案移交认可文件。
⑭ 质量检测报告和综合性试验报告。
⑮ 质量监督站提供的建设工程质量监督报告。
⑯ 其他需要提交的文件。

注意，复印件应加盖建设单位公章，并注明原件存放处、经手人及经办日期。

在办理竣工验收备案时，可参考图 4-1 所示建设工程竣工备案流程图，其详细介绍了建设项目竣工备案的流程。

4.2.3 各专项验收工作

各专项验收工作包括以下内容：

（1）电梯验收　甲方组织，施工单位配合。
（2）档案预验收　所需资料按规程整理。
（3）节能验收　节能验收所需资料，具体如下：
① "民用建筑节能专项验收备案登记表"原件一式两份。
② "节能工程专项验收报告"原件一份。
③ "建筑节能设计审查备案登记表"复印件一份（加盖建设单位公章，下同）。
④ "建筑节能分部工程质量验收表"复印件一份。
⑤ "外墙节能构造钻芯检验报告"复印件一份。
⑥ "外窗气密性、水密性现场实体检测报告"复印件一份。
⑦ "系统节能性能检测报告"复印件一份。
⑧ 建设工程施工过程中，市、区县两级质量安全监督和执法部门对节能专项工程作出行政处罚或行政处理的，提供处罚或处理决定及整改合格的相关资料。

（4）环境检测　根据国家关于建设项目环境保护管理法规、办法和技术规定，由建设单位确定检测单位，户门安装完成后即可进行环境监测。

（5）消防验收　项目建筑工程整体施工完成，清理完毕，土建施工各防火分区孔洞封堵工作完成，防火门安装到位；机电各专业系统安装调试完成，例如防排烟系统完善，照明动力系统的疏散应急、强起强切、防火卷帘门、消火栓系统、喷淋系统完善，室外消火栓可正常喷水、顶层消火栓可启动消防泵喷水。室外消防接合器安装完成，并做好标识工作等。要求规定的部分装修装饰材料必须进行消防防火性质检测，并提供检测报告。

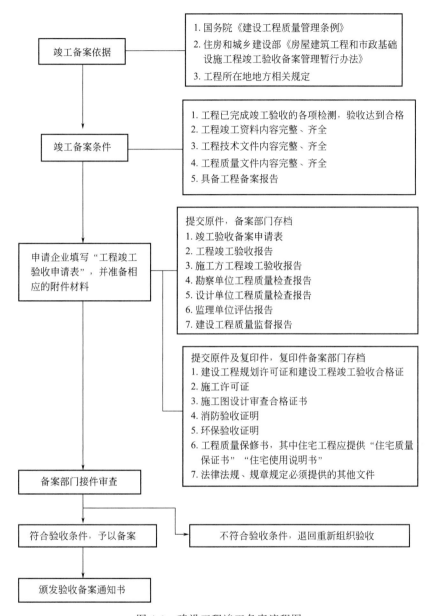

图 4-1 建设工程竣工备案流程图

（6）规划验收 "规划监督验收"申报材料具体如下。

① 建设单位出具的申报委托书和填写完整并加盖单位印章的"建设项目规划许可及其他事项申报表"（原件）。

② 上一阶段审批的"建设工程规划许可证"及"建设用地规划许可证"附件及附图 1 份（复印件）。

③ 具有相应测绘资质等级的测绘单位编制的"建设工程竣工测量成果报告书"一份（原件）。

④ 建设工程竣工图（包括图纸目录、无障碍设计说明、设计总平面图、各层平面图、剖面图、各向立面图、各主要部位剖面图、基础平面图、基础剖面图）1 份（原件）。
⑤ 验线合格通知单 1 份（复印件）。
⑥ 正负零测量成果报告 1 份（原件）。
⑦ 建筑面积实测报告 1 份（原件）。
⑧ 规划规定的拆迁任务完成等相关情况说明 1 份（其中包含主体建筑审批、试验及验收情况；用地范围内和代征范围内应当拆除的建筑物、构筑物及其他设施的拆除情况；代征地、绿化用地的腾退情况；单独设立的配套设施的建筑情况等）。
⑨ 竣工照片 4 张（4 个立面各 1 张）。
⑩ "建设工程规划许可证"和"建设用地规划许可证"的公共展板照片。
⑪ 其他法律、法规、规章规定的相关要求（复印件）（申报要求中，对可提交复印件的材料，建设单位需在复印件加注"此件复印内容与原件内容核对无误"字样，并加盖单位印章，本行政机关核发的文件除外）。

竣工备案所需资料：
① 工程竣工验收备案表一式两份（提前在建委网站下载打印）。
② 工程竣工验收报告。
③ 单位工程质量竣工验收原始文件（单位工程质量验收检查记录表）。
④ 市政基础设施的有关质量检测和功能性试验资料。
⑤ 备案机关认为需要提供的有关资料。
⑥ 工程施工许可证。
⑦ 建设工程规划许可证。
⑧ 法律、行政法规规定应当由规划部门出具的认可文件或者准许使用文件。
⑨ 法律、行政法规规定应当由公安消防部门出具的档案预验收资料。

4.2.4 档案预验收、档案移交所需资料

（1）建设单位文件
① 立项文件。
a. 可行性研究报告。
b. 可行性研究报告的批复文件。
c. 关于立项文件的会议纪要、领导批示。
d. 专家对项目的有关建议文件。
e. 项目评估研究资料。
② 征地用地拆迁文件。
a. 征占用地的批准文件和对使用国有土地的批准意见。
b. 规划意见及附图。
c. 建设用地规划许可证、许可证附件及附图。
d. 国有土地使用证。
e. 国有土地使用权出让交易文件。
③ 勘察测绘设计文件。

a. 工程地质勘察报告。

b. 水文地质勘察报告。

c. 建筑用地钉桩通知单。

d. 验线合格文件。

e. 审定设计方案通知书及附图。

f. 审定设计方案通知书中有关人防、环保、消防、交通、园林、市政、文物、通信、保密、河湖、教育等部门的审查意见和取得的有关协议。

g. 消防设计审核意见。

h. 施工图审查通知书。

i. 地下部分的各种市政、电力、电信管线等竣工图。

④ 开工文件。

a. 年度施工任务批准文件。

b. 修改工程施工图通知书。

c. 建设工程规划许可证、附件及附图。

d. 建设工程施工许可证。

e. 工程质量监督手续。

⑤ 商务文件。

a. 工程结、决算。

b. 交付使用固定资产清单。

c. 建设工程概况。

⑥ 验收及备案文件。

a. 建设工程竣工验收备案表。

b. 工程竣工验收报告。

c. 由规划、公安消防、环保等部门出具的认可文件或准许使用文件。

⑦ 其他文件。

a. 工程竣工总结。

b. 工程未开工前的原貌，竣工新貌照片。

c. 工程开工、施工、竣工的录音录像资料。

（2）监理文件

a. 监理规划、监理实施细则。

b. 监理工作总结（专题、阶段和竣工总结）。

c. 质量事故报告及处理资料。

d. 竣工移交证书。

e. 工程质量评估报告。

（3）施工文件

① 工程管理与验收。

a. 工程概况表。

b. 建设工程质量事故调（勘）查笔录。

c. 建设工程质量事故报告书。

d. 分部工程质量验收记录表（应单独组卷的分部）。

e. 子分部工程质量验收记录表（应单独组卷的分部）。

f. 单位（子单位）工程质量控制资料核查记录。

g. 施工总结。

h. 工程竣工报告。

② 建筑与结构工程。

a. 图纸会审记录。

b. 设计变更通知单。

c. 工程洽商记录。

d. 工程定位测量记录。

e. 基槽验线记录。

f. 沉降观测记录。

g. 预拌混凝土出厂合格证。

h. 钢材性能检测报告。

i. 钢材试验报告。

j. 水泥试验报告。

k. 砂试验报告。

l. 碎（卵）石试验报告。

m. 外加剂试验报告。

n. 砖（砌块）试验报告。

o. 隐蔽工程检查记录。

p. 地基验槽检查记录。

q. 地基处理记录。

r. 地基钎探记录。

s. 土工击实试验报告。

t. 回填土试验报告。

u. 钢筋连接试验报告。

v. 砌筑砂浆试块强度统计、评定记录。

w. 混凝土试块强度统计、评定记录。

x. 混凝土抗渗试验报告。

y. 混凝土碱含量计算书。

③ 桩（地）基工程。

a. 图纸会审记录。

b. 设计变更通知书。

c. 工程洽商记录。

d. 原材料复试报告（水泥、砂、石、钢材）及施工试验报告（混凝土、砂浆试块强度）。

e. 隐蔽工程检查记录。

f. 桩（地）基施工记录。

g. 桩（地）基检测报告。

④ 预应力工程。
a. 图纸会审记录。
b. 设计变更通知单。
c. 工程洽商记录。
d. 预应力筋复试报告。
e. 预应力用水泥、外加剂复试报告。
f. 隐蔽工程检查记录。
g. 预应力筋张拉记录。
h. 有粘接预应力结构灌浆记录。
⑤ 钢结构工程。
a. 图纸会审记录。
b. 设计变更通知单。
c. 工程洽商记录。
d. 钢材性能检验报告。
e. 钢材试验报告。
f. 金相试验报告。
g. 隐蔽工程检验记录。
h. 超声波探伤报告。
i. 超声波探伤记录。
j. 钢构件射线探伤报告。
k. 磁粉探伤报告。
⑥ 幕墙工程。
a. 幕墙设计计算书。
b. 图纸会审记录。
c. 设计变更通知单。
d. 工程洽商记录。
e. 铝塑板复试报告及检测报告。
f. 结构胶复试报告及检测报告。
g. 石材复试报告及检测报告。
h. 雨水、空气渗透性、风压变形性能检测报告。
i. 隐蔽工程检查记录。
⑦ 建筑给、排水采暖工程。
a. 图纸会审记录。
b. 设计变更通知单。
c. 工程洽商记录。
d. 隐蔽工程检查记录。
e. 设备单机试运转记录。
f. 系统试运转调试记录。
g. 强度严密性试验记录。

h. 消火栓试射记录。
⑧ 建筑电气工程。
a. 图纸会审记录。
b. 设计变更通知单。
c. 工程洽商记录。
d. 隐蔽工程检查记录。
e. 电气接地电阻测试记录。
f. 电气接地防雷装置隐检与平面示意图。
g. 高压部分实验记录。
⑨ 通风与空调工程。
a. 图纸会审记录。
b. 设计变更通知单。
c. 工程洽商记录。
d. 隐蔽工程检查记录。
e. 设备单机试运转记录。
f. 系统试运转调试记录。
g. 空调系统试运转调试记录。
h. 空调水系统试运转调试记录。
i. 制冷系统气密性试验记录。
j. 净化空调系统测试记录。
k. 防排烟系统联合试运行记录。
⑩ 电梯安装工程。
a. 图纸会审记录。
b. 设计变更通知单。
c. 工程洽商记录。

4.3　项目缺陷责任期和保修期工作的组织与实施

4.3.1　项目缺陷责任期的咨询实施内容

① 组织检查承包人剩余工程计划。
② 组织检查已完工程。
③ 协调审核确定缺陷责任及修复费用。
④ 督促协调承包人按合同规定完成竣工资料。
⑤ 协调安排建设方按承包合同约定预留保证金。
⑥ 协助建设方签发缺陷期终止证书。

4.3.2　工程保修期的咨询实施内容

按照《建设工程质量管理条例》规定，建设项目竣工后，施工方应在保修期内承担相应的责任，全过程咨询单位和监理应负责相应的管理工作。全过程咨询单位负责人应协助建设方做好如下工作：

① 制定定期回访制度，组织签订工程质量保修书。
② 对建设方提出的质量缺陷，协调联系承包方现场核查。
③ 组织相关方对建设方提出的质量缺陷界定责任。
④ 根据责任界定结果组织督促维修。
⑤ 对维修结果组织检查验收。
⑥ 协助业主结算保修金。

4.3.2.1 工程质量保修的范围

一般来说，凡是施工方的责任或者由于施工质量不良产生的问题，都属于质量保修的范围，常见的保修内容主要有以下几个方面：基础、主体结构、屋面、地下室、外墙、阳台、厕所、浴室及厨房等处渗水、漏水；各种管道渗水、漏水、漏气；通风口和烟道堵塞；水泥地面大面积起砂、空鼓、裂缝；墙面抹灰大面积起泡、空鼓、脱落；暖气局部不热，接口不严、渗漏；其他不能正常发挥使用功能的部位。

凡是由于用户使用不当而造成建筑功能不良或者损坏的，不属于保修范围；凡从属于工业产品发生问题的，亦不属于保修范围，应由使用单位自行组织修理。

4.3.2.2 工程质量保修期限

《建设工程质量管理条例》规定，在正常使用条件下，建设工程最低保修期限为：

① 基础设施工程、房屋建筑的地基基础工程和主体结构工程，为设计文件规定的该工程的合理使用年限。
② 屋面防水工程、有防水使用要求的卫生间、厨房和外墙面的防渗漏，为 5 年。
③ 供热与供冷系统，为 2 个采暖期、供冷期。
④ 电气管线、给排水管道、设备安装和装修工程，为 2 年。
⑤ 其他工程保修期限由发承包双方自行约定，建设工程保修期自竣工验收合格之日起计算。

4.3.2.3 工程质量保修责任

工程质量保修期间，全过程咨询单位负责人应做好保修期管理工作，应组织做好以下工作：

① 督促承包人应制定工程保修期管理制度。
② 协助发包人与承包人签订工程保修期保修合同，确定质量保修范围、期限、责任与费用的计算方法。
③ 承包人在工程保修期内应承担质量保修责任，回收质量保修资金，实施相关服务工作。
④ 承包人应根据保修合同文件、保修责任期、质量要求、回访安排和有关规定编制保修工作计划，保修工作计划应包括下列工作内容：

a. 主管保修的部门。
b. 执行保修工作的责任者。

c. 保修与回访时间。

d. 保修工作内容。

建设工程在保修范围和保修期限内，发生质量问题，全过程咨询单位负责人应督促监理立即分析原因，找出责任方，并要求相关责任方在规定时间内完成修补工作。若责任方拒不处理或迟迟不予处理的，由全过程咨询单位上报投资人认可后，可另行委托其他施工单位给予维修，产生的费用从责任方保修金内支出；质保期满后，全过程咨询单位应组织使用人、物业管理方、监理单位，以及施工单位进行质量缺陷的检查，确认无质量缺陷后，办理书面手续，并以此作为退还质保金的依据。

保修期过后，施工方的质保业务解除，全过程咨询单位完成质保金退还手续，相应的义务也完成。

4.4 项目竣工移交的组织与实施

在竣工验收合格后，根据国家有关部门及省市建设工程交付规定和承包合同交付标准的约定，制定本项目的交付移交工作内容。主要交接内容含项目竣工档案移交、项目实体移交、项目数字化成果交付、产权移交等。

4.4.1 项目竣工档案移交工作

根据《建设工程文件归档整理规范》《重大建设项目档案验收办法》和国家有关部门及省市档案管理部门规定，制定竣工验收档案资料移交的工作内容如下：

（1）工程准备阶段文件资料　文件归档类别、范围及保管期限见《建设工程文件归档规范》（2019年版）中相关表格。

（2）监理文件资料　监理文件归档类别、范围及保管期限见《建设工程文件归档规范》（2019年版）中相关表格。

（3）施工文件资料　施工文件归档类别、范围及保管期限要求见《建设工程文件归档规范》（2019年版）中相关表格。

（4）竣工图　文件归档类别、范围及保管期限见《建设工程文件归档规范》（2019年版）中相关表格。

（5）工程竣工文件资料　文件的归档类别、范围及保管期限见表4-1。

表4-1　竣工归档文件要求

序号	归档文件名称	建设单位	施工方	城建档案馆
一	工程竣工总结			
1	工程概况表	永久		永久
2	工程竣工总结	永久		永久
二	竣工验收记录			
（一）	建筑安装工程			
1	单项（单位）工程质量验收记录	永久	长期	永久

续表

序号	归档文件名称	建设单位	施工方	城建档案馆
2	竣工验收证明书	永久	长期	永久
3	竣工验收报告	永久	长期	永久
4	竣工验收备案表	永久	长期	永久
5	工程质量保修书	永久	长期	永久
（二）	市政基础设施工程			
1	单位工程质量评定表及报验单	永久	长期	永久
2	竣工验收证明书	永久	长期	永久
3	竣工验收报告	永久	长期	永久
4	竣工验收备案表	永久	长期	永久
5	工程质量保修书	永久	长期	永久
三	财务文件			
1	决算文件	永久		永久
2	交付使用财产总表和明细表	永久	长期	永久
四	声像档案、缩微品、电子档案			
1	声像档案	永久		永久
（1）	工程照片	永久		永久
（2）	录音录像材料	永久		永久
2	缩微品	永久		永久
3	电子档案			
（1）	光盘	永久		永久
（2）	磁盘	永久		永久

常用竣工档案移交的方法和程序如下：

建设项目总承包单位，组织指导各分包单位收集、整理分包范围内的竣工文件，交总承包单位汇总、整理。竣工时由总承包单位向建设单位提交完整、准确的竣工文件。

经初验工作组审查确认齐全、完整、准确后，交接管单位并按规定送上级档案部门归档。个别项目因故不能及时交接，由施工单位与接收单位共同协商交接时间，但最迟不得超过工程竣工验收后三个月。

特别说明：各方交接的档案资料必须是原件。竣工档案移交的工作应参照《建设工程文件归档规范》（2019年版）的要求，一般情况其移交基本程序为：

① 全过程咨询单位受建设方授权，与城建档案管理机构签订"建设工程竣工档案移交责任书"。

② 城建档案管理机构对项目参与单位的人员进行指导、培训、协调、组织。

③ 全过程咨询单位组织总承包单位按归档要求对建设工程竣工资料进行收集、整理与汇总。

④ 全过程咨询单位提交"建设工程竣工档案预验收申请表",组织、协调竣工资料的备案工作。

⑤ 城建档案管理机构对工程档案进行预验收,预验收合格后出具"建设工程竣工档案预验收意见书"。

⑥ 全过程咨询单位组织总承包单位向城建档案管理机构移交建设工程竣工档案。

⑦ 城建档案管理机构对移交工程档案合格项目发放"建设工程竣工档案合格证"。

4.4.2 项目竣工实体移交

建设项目实体交付的工作内容和方法如下:

工程实体移交时,全过程咨询单位应组织监理、总包单位按建设项目名称和合同约定的移交方式,向投资人移交,然后由投资人移交给使用单位。

① 建设项目实体交付计划。建设项目实体移交工作开展之前,应依照移交内容制定一份移交计划书,明确各项验收工作的主体、移交时间、移交责任人等具体事项。

② 组织制定建设项目主体、配套工程及设备交付标准和范围,并组织具体移交工作。在建设项目的工程整改及工程竣工验收完毕后,应按合同约定进行移交,全过程咨询单位协助投资人,按合同约定组织工程竣工移交。

a. 组织承包人提交房屋竣工验收报告、消防监督机构出具的消防验收合格文件、质量监督部门出具的电梯验收文件等相关资料。文件齐全后,去当地建设行政主管部门办理竣工验收备案手续,取得竣工验收备案回执。

b. 在取得竣工验收备案回执以及整改处理情况完成后,总承包方向投资人、全过程咨询单位及监理工程师提交移交申请,全过程咨询单位应该组织专业工程师、投资人、产权人、运营人等相关单位的人员,共同组成项目移交小组,对建设工程进行初步验收,按照交验标准逐一实地查验,发现问题后,要求承包方限期整改并跟踪处理结果。

c. 将遗留问题处理完毕,各单位工程已经具备使用条件,方可办理移交手续。

d. 在承包方将工程办理移交的同时,全过程咨询单位应协助投资人提前组织设备厂商、承包人完成设备使用及维护手册的编制,并完成对运营人(一般为物业管理公司)相关人员进行培训。

e. 运营人(物业管理公司)需要对室内的电气、上下水、门窗、灯具、各设备系统等进行全面的试用检查,发现问题后立即组织承包方进行整改。在各项整改工作完毕后,将钥匙移交给运营人(物业管理公司),钥匙移交过程中要进行签字接收记录;在运营人接收前期,承包方可根据合同约定委派专业人员协助运营人熟悉和合理使用建筑物及其设施,对出现的问题及时处理解决。

f. 应注意按有关规定和总包单位签署或补签"工程质量保修书",移交过程需各方签署"工程实体移交书",签字完善的"工程实体移交书"需各方保存原件备查。

4.4.3 项目数字化成果交付

工程实体移交的同时,实现包括 BIM 模型、完整结构性数据库以及工程实施过程中的各类文件、文档等数字化信息的数据化交付,为后期运维和管理提供有力的支持。数字化交付的本质是把工程项目全生命周期数据信息移交给业主,建立数字化交付平台,将使竣工文件移交向数字化交付平台移交迈进，从而实现建设项目档案管理的飞跃发展。

迄今为止，我国大多数建设项目的信息化水平还有待提高，数字化成果交付水平和能力远未达到国家相关标准要求。为了促进建设领域数字化成果的推广和快速发展，全过程工程咨询单位应参照现行《建筑施工企业信息化评价标准》做好如下工作：

① 协助制定建设项目数字化成果交付计划。
② 协调建立建设项目数字化交付的组织。
③ 组织制定建设项目数字化交付标准。
④ 组织实施项目设施数字化成果交付。

建设工程产权移交等在本书不做详细介绍。

4.5 项目竣工决算组织与实施

项目竣工决算是在项目竣工后，全过程工程咨询单位负责人协助委托单位按照国家有关规定，编制以实物数量和货币指标为计量单位，综合反映竣工的建设项目全部建设费用及建设成果和财务状况的总结性文件。全过程工程咨询单位负责人在竣工决算过程中应做好以下工作：

① 协助收集和整理作为竣工决算编制的相关依据及资料。
② 组织编制竣工财务决算说明书。
③ 组织编制竣工财务决算报表。
④ 组织编制工程竣工造价对比分析表。
⑤ 组织编制竣工决算报告书。

4.5.1 项目竣工决算咨询工作内容

（1）编制工竣工决算　应遵循下列程序：
① 收集、整理有关工程竣工决算依据。
② 清理账务、债务，结算物资。
③ 填写工程竣工决算报表。
④ 编写工程竣工决算说明书。
⑤ 按规定送审。

（2）竣工决算依据　应包括下列内容：
① 项目可行性研究报告。
② 项目总概算书和单项工程综合概算书。
③ 项目设计文件。
④ 设计交底和图纸会审资料。
⑤ 合同文件。
⑥ 工程竣工结算书。
⑦ 设计变更文件和经济签证。
⑧ 设备、材料调价文件及记录。
⑨ 工程竣工档案资料。

⑩ 相关项目资料、财务结算及批复文件。

4.5.2 项目竣工决算的作用

① 竣工决算采用货币指标、实物数量、建设工期和各种技术经济指标综合、全面地反映建设项目自开始建设到竣工为止的全部建设成果和财务状况。

② 竣工决算是办理交付使用资产的依据,也是竣工验收报告的重要组成部分。建设单位与使用单位在办理交付资产的验收交接手续时,通过竣工决算反映了交付使用资产的全部价值,包括固定资产、流动资产、无形资产和递延资产的价值。同时,它还详细提供了交付使用资产的名称、规格、数量、型号和价值等明细资料,是使用单位确定各项新增资产价值并登记入账的依据。

③ 竣工决算是分析和检查设计概算的执行情况,考核投资效果的依据。竣工决算反映了竣工项目计划、实际的建设规模、建设工期以及设计和实际的生产能力,反映了概算总投资和实际的建设成本,同时还反映了所达到的主要技术经济指标。通过对这些指标计划数、概算数与实际数进行对比分析,不仅可以全面掌握建设项目计划和概算执行情况,而且可以考核建设项目投资效果,为今后制订基建计划,降低建设成本,提高投资效果提供必要的资料。

4.5.3 项目竣工决算的编制

(1) 竣工决算编制的依据

① 经批准的可行性研究报告及其投资估算。
② 经批准的初步设计或扩大初步设计及其概算或修正概算。
③ 经批准的施工图设计及其施工图预算。
④ 设计交底或图纸会审纪要。
⑤ 招投标的标底、承包合同、工程结算资料。
⑥ 施工记录或施工签证单,以及其他施工中发生的费用记录,如索赔报告与记录、停(交)工报告等。
⑦ 竣工图及各种竣工验收资料。
⑧ 历年基建资料、财务决算及批复文件。
⑨ 设备、材料调价文件和调价记录。
⑩ 有关财务核算制度、办法和其他有关资料、文件等。

(2) 竣工决算编制的步骤 按照财政部印发的关于《基本建设财务管理若干规定》的通知要求,竣工决算的编制步骤如下:

① 收集、整理、分析原始资料。从工程建设开始就按编制依据的要求,收集、清点、整理有关资料,主要包括建设工程档案资料,如设计文件、施工记录、上级批文、概(预)算文件、工程结算的归集整理,财务处理、财产物资的盘点核实及债权债务的清偿,做到账账、账证、账实、账表相符。对各种设备、材料、工具、器具等要逐项盘点核实并填列清单,妥善保管,或按照国家有关规定处理,不准任意侵占和挪用。

② 对照、核实工程变动情况,重新核实各单位工程、单项工程造价。将竣工资料与原设计图纸进行查对、核实,必要时可实地测量,确认实际变更情况;根据经审定的施工单位

竣工结算等原始资料，按照有关规定对原概（预）算进行增减调整，重新核定工程造价。

③ 将审定后的待摊投资、设备工器具投资、建筑安装工程投资、工程建设其他投资严格划分和核定后，分别计入相应的建设成本栏目内。

④ 编制竣工财务决算说明书，力求内容全面、简明扼要、文字流畅、说明问题。

⑤ 填报竣工财务决算报表。

⑥ 作好工程造价对比分析。

⑦ 清理、装订竣工图。

⑧ 按国家规定上报、审批、存档。

（3）竣工决算的内容　竣工决算是建设工程从筹建到竣工投产全过程中发生的所有实际费用支出，包括设备工器具购置费、建筑安装工程费和其他费用等。竣工决算由竣工财务决算报表、竣工财务决算说明书、竣工工程平面示意图、工程造价比较分析四部分组成。其中竣工财务决算报表和竣工财务决算说明书属于竣工财务决算的内容。竣工财务决算是竣工决算的组成部分，是正确核定新增资产价值、反映竣工项目建设成果的文件，是办理固定资产交付使用手续的依据。

① 竣工财务决算说明书。竣工财务决算说明书主要反映竣工工程建设成果和经验，是对竣工决算报表进行分析和补充说明的文件，是全面考核分析工程投资与造价的书面总结。其内容主要包括：

a. 建设项目概况。它是对工程总的评价，一般从进度、质量、安全、造价、施工方面进行分析说明。进度方面主要说明开工和竣工时间，对照合理工期和要求工期分析是提前还是延期；质量方面主要根据竣工验收委员会或相当一级质量监督部门的验收评定等级、合格率和优良品率；安全方面主要根据劳动工资和施工部门的记录，对有无设备和人身事故进行说明；造价方面主要对照概算造价，说明节约还是超支，用金额和百分比进行分析说明。

b. 资金来源及运用等财务分析。主要包括工程价款结算、会计账务的处理、财产物资情况及债权债务的清偿情况。

c. 基本建设收入、投资包干结余、竣工结余资金的上交分配情况。通过对基本建设投资包干情况的分析，说明投资包干数、实际支用数和节约额、投资包干节余的有机构成和包干节余的分配情况。

d. 各项经济技术指标的分析。包括：概算执行情况分析，根据实际投资完成额与概算进行对比分析；新增生产能力的效益分析，说明支付使用财产占总投资额的比例，不增加固定资产的造价占投资总额的比例，分析有机构成和成果。

e. 工程建设的经验、项目和财务管理工作以及竣工财务决算中有待解决的问题。

f. 需要说明的其他事项。

② 竣工财务决算报表。建设项目竣工财务决算报表要根据大、中型建设项目和小型建设项目分别制定。大、中型建设项目竣工财务决算报表，包括建设项目竣工财务决算审批表，大、中型建设项目概况表，大、中型建设项目竣工财务决算表，大、中型建设项目交付使用资产总表；小型建设项目竣工财务决算报表，包括建设项目竣工财务决算审批表，竣工财务决算总表，建设项目交付使用资产明细表。

a. 建设项目竣工财务决算审批表，见表4-2。该表在竣工决算上报有关部门审批时使用，其格式按照中央级小型项目审批要求设计，地方级项目可按审批要求做适当修改。

表 4-2 建设项目竣工财务决算审批表

建设项目法人（建设单位）		建设性质	
建设项目名称		主管部门	
开户银行意见： （盖章） 年　月　日			
专员办审批意见： （盖章） 年　月　日			
主管部门或地方财政部门审批意见： （盖章） 年　月　日			

b. 大、中型建设项目竣工工程概况表，表 4-3 综合反映大、中型建设项目的基本概况，内容包括该项目总投资、建设起止时间、新增生产能力、主要材料消耗、建设成本、完成主要工程量和主要技术经济指标及基本建设支出情况，为全面考核和分析投资效果提供依据。

表 4-3 大、中型建设项目竣工工程概况表

建设项目 （单项工程） 名称				建设 地址					项目	概算	实际	主要 指标
主要设计 单位				主要施工 企业					建筑安装 工程			
占地 面积		计划	实际	总投资	设计		实际		基础 支出	设备、工具 器具工程			
					固定 资产	流动 资产	固定 资产	流动 资产		待摊投资 其中：建设 单位管理费			
新增生产 能力		能力 （效益）名称		设计		实际			其他投资			
									待核销 基建支出			
建设起、 止时间		设计		从　年　月　日起至　年　月　日止					非经营项目 转出投资			
		实际		从　年　月　日起至　年　月　日止					合计			

续表

设计概算批准文号					主要材料消耗	名称	单位	概算	实际
						钢材	t		
						木材	m³		
完成主要工程量	建筑面积/m²		设计设备		水泥	t			
	设计	实际	设计	实际	实际主要技术经济指标				
收尾工程	工程内容		投资额		完成时间				

c. 大、中型建设项目竣工财务决算表，见表 4-4。该表反映竣工的大中型建设项目从开工到竣工为止全部资金来源和资金运用的情况，它是考核和分析投资效果，落实结余资金，并作为报告上级核销基本建设支出和基本建设拨款的依据。在编制该表前，应先编制出项目竣工年度财务决算，根据编制出的竣工年度财务决算和历年财务决算编制项目的竣工财务决算。此表采用平衡表形式，即资金来源合计等于资金支出合计。

表 4-4 大、中型建设项目竣工财务决算表

资金来源	金额	资金占用	金额	补充资料
一、基建拨款		一、基本建设支出		1. 基建投资借款期末余额
1. 预算拨款		1. 交付使用资产		
2. 基建基金拨款		2. 在建工程		2. 应收生产单位投资借款期末余额
3. 进口设备转账拨款		3. 待核销基建支出		
4. 器材转账拨款		4. 非经营项目转出投资		基建结余资金
5. 煤代油专用基金拨款		二、应收生产单位投资借款		
6. 自筹基金拨款		三、拨款所属投资借款		
7. 其他拨款		四、器材		
二、项目资本金		其中：待处理器材损失		
1. 国家资本		五、货币资金		
2. 法人资本		六、预付及应收款		
3. 个人资本		七、有价证券		
三、项目资本公积金		八、固定资产		
四、基建借款		固定资产原值		
五、上级拨入投资借款		减：累计折旧		
六、企业债券资金		固定资产净值		
七、待冲基建支出		固定资产清理		
八、应付款		待处理固定资产损失		
九、未交款				
1. 未交税金				

续表

资金来源	金额	资金占用	金额	补充资料
2. 未交基建收入				
3. 未交基建包干结余				
4. 其他未交款				
十、上级拨入资金				
十一、留成收入				
合计		合计		

d. 大、中型建设项目交付使用资产总表，见表4-5。该表反映建设项目建成后新增固定资产、流动资产、无形资产和其他资产的情况和价值，作为财产交接、检查投资计划完成情况和分析投资效果的依据。小型项目不编制"交付使用资产总表"，直接编制"交付使用资产明细表"；大、中型项目在编制"交付使用资产总表"的同时，还需编制"交付使用资产明细表"。

表4-5 大、中型建设项目交付使用资产总表

单项工程项目名称	总计	固定资产					流动资产	无形资产	其他资产
		建筑工程	安装工程	设备	其他	合计			

支付单位盖章　　年　月　日　　　　　　　　　　接收单位盖章　　年　月　日

e. 建设项目交付使用资产明细表，见表4-6。该表反映交付使用的固定资产、流动资产、无形资产和其他资产及其价值的明细情况，是办理资产交接和接收单位登记资产账目的依据，是使用单位建立资产明细账和登记新增资产价值的依据。大、中型和小型建设项目均需编制此表。编制时要做到齐全完整，数字准确。各栏目价值应与会计账目中相应科目的数据保持一致。

表4-6 建设项目交付使用资产明细表

单位工程项目名称	建筑工程			设备、工具、器具、家具					流动资产		无形资产		其他资产	
	结构	面积/m²	价值/元	规格型号	单位	数量	价值/元	设备安装/元	名称	价值/元	名称	价值/元	名称	价值/元

支付单位盖章　　年　月　日　　　　　　　　　　接收单位盖章　　年　月　日

f. 小型建设项目竣工财务决算总表，见表4-7。由于小型建设项目内容比较简单，因此可将工程概况与财务情况合并编制一张"竣工财务决算总表"，该表主要反映小型建设项目的全部工程和财务情况。

表4-7 小型建设项目竣工财务决算总表

项目名称		建设地址				资金来源		资金运用	
初步设计概算批准文号						项目	金额/元	项目	金额/元
						一、基建拨款		一、交付使用资产	
占地面积	计划	实际	总投资/万元	计划		实际		其中：预算拨款		二、待核销基建支出	
				固定资产	流动资金	固定资产	流动资金	二、项目资本		三、非经营项目转出投资	
								三、项目资本公积金			
新增生产能力	能力（效益）名称		设计	实际		四、基建借款		四、应收生产单位投资借款	
						五、上级拨入借款			
建设起止时间	计划		从 年 月开工 至 年 月竣工			六、企业债券资金		五、拨付投资借款	
	实际		从 年 月开工 至 年 月竣工			七、待冲基建支出		六、器材	
基建支出	项目			概算/元	实际/元	八、应付款		七、货币资金	
	建筑安装工程					九、未付款		八、预付及应收款	
	设备、工具、器具								
	待摊投资					其中：未交基建收入 未交包干收入		九、有价证券	
	其中：建设单位管理费							十、原有固定资产	
	其他投资					十、上级拨入资金			
	待核销基建支出					十一、留成收入			
	非经营性项目转出投资								
	合计					合计		合计	

③竣工工程平面示意图。建设工程竣工工程平面示意图是真实地记录各种地上、地下建筑物、构筑物等情况的技术文件，是工程进行交工验收、维护改建和扩建的依据，是国家的重要技术档案。国家规定：各项新建、扩建、改建的基本建设工程，特别是基础、地下建筑、管线、结构、井巷、桥梁、隧道、港口、水坝以及设备安装等隐蔽部位，都要编制竣工图。为确保竣工图质量，必须在施工过程中（不能在竣工后）及时做好隐蔽工程检查记录，整理好设计变更文件。其具体要求有：

a. 凡按图竣工没有变动的，由施工单位（包括总包和分包施工单位）在原施工图上加盖

"竣工图"标志后,即作为竣工图。

b. 凡在施工过程中,虽有一般性设计变更,但能将原施工图加以修改补充作为竣工图的,可不重新绘制,由施工单位负责在原施工图(必须是新蓝图)上注明修改的部分,并附以设计变更通知单和施工说明,加盖"竣工图"标志后,作为竣工图。

c. 凡结构形式改变、施工工艺改变、平面布置改变、项目改变以及有其他重大改变,不宜再在原施工图上修改、补充时,应重新绘制改变后的竣工图。由原设计原因造成的,由设计单位负责重新绘制;由施工原因造成的,由施工单位负责重新绘图;由其他原因造成的,由建设单位自行绘制或委托设计单位绘制。施工单位负责在新图上加盖"竣工图"标志,并附以有关记录和说明,作为竣工图。

d. 为了满足竣工验收和竣工决算需要,还应绘制反映竣工工程全部内容的工程设计平面示意图。

④ 工程造价比较分析。工程造价比较分析是对控制工程造价所采取的措施、效果及其动态的变化进行拟真的比较对比,总结经验教训。批准的概算是考核建设工程造价的依据。在分析时,可先对比整个项目的总概算,然后将建筑安装工程费、设备工器具费和其他工程费用逐一与竣工决算表中所提供的实际数据和相关资料及批准的概算、预算指标,实际的工程造价进行对比分析。以确定竣工项目总造价是节约还是超支,并在对比的基础上,总结先进经验,找出节约和超支的内容及原因,提出改进措施。在实际工作中,应主要分析以下内容:

a. 主要实物工程量。对于实物工程量出入比较大的情况,必须查明原因。

b. 主要材料消耗量。考核主要材料消耗量,要按照竣工决算表中所列明的三大材料实际超概算的消耗量,查明是在工程的哪个环节超出量最大,再进一步查明超出的原因。

c. 考核建设单位管理费、建筑及安装工程措施费和间接费的取费标准。建设单位管理费、工程措施费和间接费的取费标准要符合国家和各地有关规定,将竣工决算报表中所列的建设单位管理费与概预算所列的建设单位管理费数额进行比较,依据规定查明是否有多列或少列的费用项目,确定其节约超支的数额,并查明原因。

4.6 项目后评价的组织与实施

为保障我国基本建设项目可持续发展,提高项目的经济效益和社会效益,实现投资决策的科学化,总结项目管理经验。基本建设项目建成投产后应及时进行项目后评价工作,后评价工作应坚持客观、公正和科学的原则。

项目后评价是指在项目建成投入使用后,通过对项目前期工作、项目实施过程和项目运营情况的综合研究,衡量和分析项目的实际情况与预测情况差异,从项目实际过程中吸取经验和教训,为今后改进项目准备、决策、管理、监督等工作创造条件并为提高项目投资效益提供切实可行的对策措施。项目后评价的主要任务有两个方面:一是对项目全过程进行总结分析并利用其反馈结果发挥效用,以利于完善已建项目、指导在建项目、改进提高待建项目的综合管理水平;二是预测和判断,根据实际情况和实际数据重新生成的数据,对未来发展和项目可持续性进行准确判断。全过程咨询单位负责人本阶段主要工作内容为:

① 协助建立后评价机构小组。

② 与委托方沟通,协助确定本项目后评价工作依据。

③ 制定后评价工作计划，协助收集后评价相关资料。
④ 编制后评价大纲，确定采用的评价方法和评价相关指标。
⑤ 设计调查方案，开展评价调查。
⑥ 进行目标对比，提出评价意见，沟通听取相关方意见。
⑦ 综合资料汇总分析，提交初步评价报告。
⑧ 听取相关方意见，完善并提交后评价报告。

4.6.1 项目后评价工作的依据

后评价工作，顾名思义就是对已完成的工程项目进行综合的评价分析，具体包括对工程建设的目的和作用进行分析，对工程的具体施工过程中的施工技术和管理办法进行分析，对工程完成后可以起到的实际效益进行分析，对该项工程对使用者和他人所产生的具体影响进行分析。通过建设项目后评价，可以达到肯定成绩、总结经验、研究问题、吸取教训、提出建议、改进工作、不断提高项目决策水平和投资效果的目的。项目后评价的主要依据有：

（1）相关的政府投资建设项目管理的法律法规、规章及规定。
（2）地区总体规划、各项事业行业发展规划和专项建设规划。
（3）项目建设各阶段的文件资料，包括：
① 项目建议书和国家有关部门批准的项目建议书的文件。
② 可行性研究报告。
③ 项目竣工验收报告。
④ 工程概算和决算报告。
⑤ 项目实施阶段的合同、设备材料采购等资料。
⑥ 项目建设过程中的阶段验收、材料和设备、半成品等检验检测资料。
⑦ 建设过程中的质量控制、工期控制、成本控制、安全管理等资料。
⑧ 其他建设项目相关的资料。

4.6.2 项目后评价工作内容

概括来说，目前我国的后评价工作基本包括以下内容：建设项目目标评价、过程评价、效益评价、影响评价、持续性评价和后评价结论。这里分别对项目后评价的主要内容进行解析。

（1）建设项目目标评价　建设项目目标评价是指对项目目标的实现程度进行评价，对照原计划的主要指标，检查项目的实际情况，找出变化，分析发生改变的原因，并对项目决策的正确性、合理性和实践性进行分析评价。目标评价的基本原则：
① 整体与局部结合的原则。
② 规范与经验结合的原则。
③ 先进与适用结合的原则。
④ 技术与经济结合的原则。
⑤ 专家与群众结合的原则。

项目目标评价的层次。投资项目或规划目标一般有两个层次：一是宏观目标层次，即对国家、地区、行业可能产生的影响，或对技术、经济、社会、环境带来的重大影响；二是直接的建设目标,即项目产生的直接作用和效果。

目标评价一般要根据项目的投入产出关系,分析层次目标提出和实现的合理性以及可能性,主要还是采用定量和定性结合的方法,用定量指标进行描述。目标评价的常用分析方法包括目标树法、层次分析法等,国际上通常采用逻辑框架法。项目目标实现程度评价主要通过项目的投入产出目标进行分析,要点有:

① 项目投入:资金、物质、人力、时间、技术的投入情况。
② 项目产出:项目建设内容,投入的产出物。
③ 项目直接目的:项目建成后的直接效果和作用,主要是社会和环境的直接效果。
④ 项目宏观目标:项目产生的间接效果和影响,主要是对地区、行业、国家等大的经济、社会和环境的影响。

项目目标实现程度评价可以按照工程建成、技术建成、经济建成和长远效益实现四个层面来判断。项目目标的适应性是指项目原定目标是否正确,是否符合全局和宏观利益,是否得到政府政策的支持,是否符合项目的性质,是否符合项目当地的条件等。

(2) 建设项目实施过程评价 建设项目的过程评价简要说明项目实施的基本特点,对照可行性研究评估找出主要变化,分析变化的原因及其对项目效益的影响。项目过程评价应包括项目前期阶段评价、基建阶段评价和生产阶段评价等内容。

(3) 建设项目项目效益评价 主要是对已建成投入使用的建设项目的经济效益、社会效益和环境效益进行客观实事求是的评价。其中经济效益评价,主要是对基本建设项目盈利能力、偿债能力和指标敏感性等情况进行评价。

(4) 建设项目影响评价 主要是站在国家的宏观立场,重点分析项目与整个社会发展之间的关系。项目影响评价应重点包括经济影响评价、社会影响评价和环境影响评价三方面内容。

(5) 建设项目持续性评价 主要是分析项目内外部因素对项目自身持续生存能力的影响,从而判断项目的持续生存竞争能力,包括三个方面的内容:环境资源功能的持续性、经济增长的持续性和项目效果的持续性。

(6) 建设项目后评价结论 主要是对项目做出结论性意见。结论的内容包括项目的综合评价、结论和问题、经验教训、建议措施等。

4.6.3 建设项目后评价的方法

建设项目竣工验收交付投入使用后,全过程工程咨询负责人应组织相关方对项目建设的投资决策、设计准备、施工建设、竣工验收及试运营与交付的情况进行分析和总结,进而对项目取得的经济效益、社会效益和环境效益进行建设项目后评价自评的咨询工作。

下面介绍几种主要的建设项目后评价方法,常见方法有对比法、逻辑框架法、层次分析法、满意度综合评价法、模糊综合评价法、逼近理想点法等。

4.6.3.1 对比法

对比法是项目后评价的基本评价方法,包括前后对比、计划和实际对比、有无项目的对比等。对比的目的是要找出变化和差距,为提出问题和分析原因找到重点,目前我国运用的是前后对比法。

前后对比法就是将项目实施之前与项目完成之后的情况加以对比,以确定项目效益的一种方法。在项目后评价中则是指经项目前期的可行性研究和预测结论，以及初步设计阶段的经济指标与项目的实际运行结果和在评价时所做的新的预测相比较，用以发现变化和分析原因。这种对比用于揭示计划、决策和实施的质量，是项目过程评价应遵循的原则。

4.6.3.2 逻辑框架法

逻辑框架法（简称 LFA）是美国国际开发署在 1970 年开发并使用的一种设计、计划和评价工具，目前已有三分之二的国际组织把 LFA 作为援助项目的计划管理和后评价的主要方法。

逻辑框架法是一种概念化论述项目的方法，将一个复杂项目的多个互相关联并具有因果关系的动态因素组合起来，用一张简单的框图分析其内涵和关系，以确定项目范围和任务，分清任务目标和达到目标所需手段的逻辑关系，以评价项目活动及其成果的研究方法。在项目后评价中，通过运用逻辑框架法分析项目原定的预期目标、各种目标的层次、目标实现的程度和项目成败的原因，用以评价项目的效果、作用和影响。

逻辑框架法的模式是一个 4×4 的矩阵，横向代表项目目标的层次（垂直逻辑），竖向代表如何验证这些目标是否达到（水平逻辑）。垂直逻辑用于分析项目计划做什么，弄清项目手段与结果之间的关系，确定项目本身和项目所在地的社会、物质、政治环境的不确定因素。水平逻辑的目的是要衡量项目的资源和结果，确立客观的验证指标及其验证方法来进行分析。水平逻辑要求对垂直逻辑上四个指标的结果做出详细的说明。四个层次之间存在着自下而上的因果关系。逻辑框架法的垂直逻辑关系图见图 4-2。

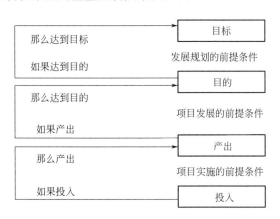

图 4-2　逻辑框架法垂直逻辑关系图

采用逻辑框架法进行项目后评价时，可根据项目特点和项目特征在格式和内容上做些调整，以适应不同评价的要求。逻辑框架法是一种定性评价方法，一般可用来做目标评价、项目成败的原因分析、项目可持续评价等。逻辑框架法的基本模式见表 4-8。

表 4-8　逻辑框架法的基本模式

层次描述	客观验证指标	验证方法	重要外部条件	原因分析
目标	目标指标	检测和检测手段及方法	实现目标的主要条件	
目的	目的指标	检测和检测手段及方法	实现目标的主要条件	
产出	产出物定量指标	检测和检测手段及方法	实现目标的主要条件	
描述	投入物定量指标	检测和检测手段及方法	实现目标的主要条件	

具体项目后评价逻辑框架法表见表 4-9。

表 4-9　项目后评价的逻辑框架表

目标层次	验证对比指标		差别或变化原因分析		可持续风险
	项目原定指标	实际实现指标	主要内部原因	主要外部条件	
宏观目标（影响）					
项目目的（作用）					
项目产出（实施结果）					
项目投入（建设条件）					

项目后评价的综合方法是逻辑框架法，通过项目投入、项目产出、项目目的、宏观目标影响的四个层面对建设项目进行分析总结的综合评价方法。

4.6.3.3　满意度综合评价法

满意度综合评价法是传统的打分法，是依靠专家和项目参与者的经验，根据个人或集体的认知标准，根据项目的实际情况用一定的系统方法和判断标准来评价项目的总体满意度，或者依据得分高低来评价项目的总体满意度。满意度综合评价法主要是通过判断目标的实现程度和各种影响、效益的大小来评价项目的好坏，以事先确定好评价指标体系和评分标准进行专家打分，通过权重对比及一定的统计方法，以得分高低来衡量项目的综合等级和满意程度。满意度后评价分析表见表 4-10。

表 4-10　满意度后评价分析表

项目评价指标	相关重要性	评定等级	备注
1. 宏观目标和产业政策			
2. 决策及其程序			
3. 布局与策划			
4. 项目目标和市场			
5. 设计与技术水平			
6. 资源和建设条件			
7. 资金来源和融资			
8. 项目进度及其控制			
9. 项目质量及其控制			
10. 项目投资及其控制			
11. 项目安全及其控制			
12. 项目组织机构和管理			
13. 项目财务效益			
14. 项目经济效益和影响			
15. 项目对社会和环境的影响			
16. 项目可持续性			
项目总结性评价			

满意度评价是依靠评价专家或专家组的经验，综合后评价指标的评价结果，对项目的满意程度做出定性的结论。满意度评价法是以逻辑框架法分析项目目标的实现程度与经济效益分析的评价结论为基础，以项目的目标或效益为核心所进行的全面系统的评价。项目评价的满意度可分为5个等级，一般项目满意度等级标准表见表4-11。

表4-11 满意度等级标准表

序号	评价内容	标准	备注
1	完全满意	项目各项目标都已全面或超额实现，相对成本而言，项目取得巨大效益和影响	
2	满意	项目大部分目标都已实现，相对成本而言，项目达到了预期的效益和影响	
3	部分满意	项目实现了原定的部分目标项，相对成本而言，项目获得了一定的效益和影响	
4	不满意	项目实现的目标非常有限，相对成本而言，几乎没有产生正面效益和影响	
5	很不满意	项目的目标是无法实现的，相对成本而言，项目不得不终止	

4.6.4 建设项目后评价的总结

4.6.4.1 项目管理总结

① 在项目管理收尾阶段，项目管理机构应进行项目管理总结，编写项目管理总结报告，纳入项目管理档案。

② 项目管理总结依据应包括下列内容。

a. 项目可行性研究报告。

b. 项目管理策划。

c. 项目管理目标。

d. 项目合同文件。

e. 项目管理规划。

f. 项目设计文件。

g. 项目合同收尾资料。

h. 项目工程收尾资料。

i. 项目的有关管理标准。

③ 项目管理总结报告应包括下列内容。

a. 项目可行性研究报告的执行总结。

b. 项目管理策划总结。

c. 项目合同管理总结。

d. 项目管理规划总结。

e. 项目设计管理总结。

f. 项目施工管理总结。

g. 项目管理目标执行情况。

h. 项目管理经验与教训。

i. 项目管理绩效与创新评价。

④ 项目管理总结完成后,组织应进行下列工作。

a. 在适当的范围内发布项目总结报告。

b. 兑现在项目管理目标责任书中对项目管理机构的承诺。

c. 根据岗位责任制和部门责任制对职能部门进行奖罚。

4.6.4.2 合同管理总结

① 项目管理机构应进行项目合同管理评价,总结合同执行过程中的经验和教训,提出总结报告。

② 合同总结报告应包括下列内容。

a. 合同订立情况评价。

b. 合同履行情况评价。

c. 合同管理工作评价。

d. 对本项目有重大影响的合同条款评价。

e. 其他经验和教训。

③ 组织应根据合同管理总结报告,确定项目合同管理改进需求,制定改进措施,完善合同管理制度,并按照规定保存合同总结报告。

4.6.5 建设项目后评价报告范本

(1) 编写后评价报告采用报告书的形式 具体内容如下。

① 项目概况。

a. 项目情况简述:包括项目建设地点、建设规模、项目建设性质、项目投资人、项目特点以及项目开竣工时间。

b. 项目决策要点:项目建设的理由、原因、依据和目的。

c. 项目主要建设内容:初步设计批复、批准规模和实际建成规模。

d. 项目实施进度:项目周期各个阶段的起止时间、时间进度表、建设工期等。

e. 项目总投资:项目建议书批复投资估算,初步设计批复概算及项目调整概算、竣工决算和实际完成投资情况,以及投资变化情况和原因。

f. 项目资金来源及到位情况:资金来源实际情况,资金变化情况及原因。

g. 项目运行及效益现状:项目运行现状、能力实现现状、项目财务经济效益情况等。

② 项目实施过程概述。

a. 项目前期决策:包括项目立项的依据、项目决策过程和目标、项目评估和可行性研究报告批复的主要意见。

b. 项目实施准备:项目勘察、设计、开工准备、招标采购、征地拆迁和资金筹措等情况。

c. 项目建设实施:项目合同执行与管理情况、工程建设与进度情况、项目设计变更情况、项目投资控制情况、工程质量控制情况、工程监理和竣工验收情况。

d. 项目运营情况:项目实施管理和运营管理、项目设计能力实现情况、项目技术改造情况、项目运营成本和财务状况,以及产品方案与市场情况。

③ 项目效果和效益。

a. 项目技术水平:项目技术水平程度和新技术应用情况等。

b.项目财务及经济效益:项目资产及债务情况、项目财务效益情况、项目财务效益指标分析和项目经济效益变化的主要原因。

c.项目经营管理:项目经营管理机构设置情况、项目技术人员培训情况和项目管理中的经验教训。

④ 项目环境和社会效益。

a.项目环境效益:项目环保达标情况,项目环保设施及制度的建设和执行情况,环境影响及生态保护情况。

b.项目社会效益:项目的主要利益群体、项目的实施对当地(宏观经济、区域经济、行业经济)发展的影响,对当地就业和人民生活水平提高的影响,对当地政府财政收入的影响。

⑤ 项目目标和可持续性。

a.项目目标:项目的工程目标、技术目标、效益目标(财务经济)、影响目标。

b.项目可持续性:根据项目现状,结合国家政策、资源条件和市场环境对项目可持续性进行分析,预测项目的市场前景,评价整个项目的可持续发展能力。

c.项目存在的主要问题等。

⑥ 项目主要经验、教训、结论和相关建议。

(2)编写后评价报告应用标准表格形式 具体表格如下。

① 项目后评价表见表4-12。

表4-12 项目后评价表

项目类型		政府投资方式		
项目总投资: 万元		其中政府投资: 万元		政府投资占总投资比例 %
实际投入资金: 万元		其中政府投资: 万元,占实际投入资金比例 %		
一、项目基本情况				
(一)项目参建单位基本情况				
(二)项目概况				
(三)项目综合评价				

② 项目后评价报告目录见表 4-13。

表 4-13 项目后评价报告目录表

评价指标项名称	主要内容		备注
项目实施过程评价	建设目的和目标		
	建设内容和进度		
	项目投资和资金来源		
	项目运营情况		
项目效益评价	财务评价的盈利能力分析		
	财务评价的清偿能力分析		
	国民经济评价		
	效益分析		
项目环境影响评价	项目的污染控制		
	区域的环境质量		
	自然资源的利用		
	区域的生态平衡影响		
项目社会影响评价	项目对当地就业影响		
	项目对当地收入分配影响		
	对居民生活条件和生活质量影响		
	受益者范围及反应		
	地区的发展状况		
主要经验教训			
结论			
建议			

③ 项目后评价目标完成情况表见表 4-14。

表 4-14 项目后评价目标完成情况表

序号	预期目标	目标实际完成情况	原因说明
1	目标一	目标一 实际完成情况	
2	目标二	目标二 实际完成情况	
3	目标三	目标三 实际完成情况	
4	目标四	目标四 实际完成情况	
5	目标 X	目标 X 实际完成情况	

④ 项目后评价自评情况表见表 4-15。

表 4-15 项目后评价自评情况表

序号	自评价内容名称	原因说明
1	项目审批的合规性	
2	项目管理的可循性	
3	项目实施内容完成任务量	
4	项目实施内容完成质量	
5	项目实施内容完成进度	
6	项目功能技术之用途	
7	项目功能技术之工艺	
8	项目功能技术之产出达标情况	
9	项目资金管理之规范性	
10	项目资金管理之使用效率	
11	项目资金管理之筹措能力	
12	项目经济效益之投入产出效益	
13	项目经济效益之直接经济效益	
14	项目经济效益之间接经济效益	
15	项目经济效益之持续经济效益	
16	项目公共效益之社会效益	
17	项目公共效益之生态效益	
18	项目公共效益之劳动结业等效益	
19	项目公共效益之可持续性影响	

⑤ 项目后评价其他问题情况表见表 4-16。

表 4-16 项目后评价其他问题情况表

序号	评价内容名称		原因说明
1	项目实施环境变化	政策变化	
2		其他不可抗力因素产生	
3	项目实施存在的问题	技术问题	
4		管理问题	
5		资金问题	
6	项目实施过程中的管理和改进措施	项目调整内容及报批手续	
7		采取的改进措施	
8		所发现的问题和积累的经验	

⑥ 项目后评价自评指标情况表见表 4-17。

表 4-17 项目后评价自评指标情况表

序号	一般性指标名称		计划	实际	实际占计划的比例	原因分析
一	审批管理后评价	1. 项目审批的合规性				
		2. 项目管理的科学性				
二	实施内容后评价	1. 实施内容完成任务量				
		2. 实施内容完成质量				
		3. 实施内容完成进度				
三	功能技术后评价	1. 项目用途				
		2. 项目技术				
		3. 项目达标（产）				
四	资金管理后评价	1. 资金管理的规范性				
		2. 资金的使用效率				
		3. 资金筹措能力				
五	经济效益后评价	1. 投入产出效益				
		2. 直接经济效益				
		3. 间接经济效益				
		4. 持续经济效益				
六	公共效益后评价	1. 社会效益				
		2. 生态效益				
		3. 劳动结业等效益				
		4. 可持续性影响				

4.6.6 建设项目管理绩效评价

项目管理绩效评价是指评估机构接受财政部门、预算部门的委托，根据设定的绩效目标，运用科学合理的绩效评价指标、评价标准和评价方法，对项目支出的经济性、效率性和效益性进行实事求是、客观、科学和公正的评价。

（1）全过程工程咨询机构应协助投资方做好工作

① 协助组织应制定和实施项目管理绩效评价制度，规定相关职责和工作程序，吸收项目相关方的合理评价意见。

② 项目管理绩效评价可在项目管理相关过程或项目完成后实施，评价过程应公开、公平、公正，评价结果应符合规定要求。

③ 项目管理绩效评价采用适合项目管理特点的绩效评价方法，过程评价与结果评价相配套，定性评价与定量评价相结合。

④ 项目管理绩效评价应与工程项目管理目标责任书相关内容进行对照，根据目标实现情况予以验证。

⑤ 项目管理绩效评价应作为持续改进的依据。

(2) 项目管理绩效评价应包括过程

① 成立绩效管理评价机构。项目管理绩效评价机构应按项目管理绩效评价内容要求，依据评价标准，采用资料评价、成果发布、现场验证方法进行项目管理绩效评价。

② 确定绩效评价专家。项目管理绩效评价专家应具备相关资格和水平，具有项目管理的实践经验和能力，保持相对独立性。

③ 制定绩效评价标准。项目管理绩效评价标准应由项目管理绩效评价机构负责确定，评价标准应符合项目管理规律、实践经验和发展趋势。

④ 形成绩效评价结果。组织应采用透明公开的评价结果排序方法，以评价专家形成的评价结果为基础，确定不同等级的项目管理绩效评价结果。项目管理绩效评价机构应在规定时间内完成项目管理绩效评价，保证项目管理绩效评价结果符合客观公正、科学合理、公开透明的要求。

(3) 管理绩效评价范围、内容和指标

① 项目管理绩效评价应包括下列范围。

a. 项目实施的基本情况。

b. 项目管理分析与策划。

c. 项目管理方法与创新。

d. 项目管理效果验证。

② 项目管理绩效评价应包括下列内容。

a. 项目管理特点。

b. 主要管理对策、调整和改进。

c. 合同履行与相关方满意度。

d. 项目管理过程检查、考核、评价。

e. 项目管理实施成果。

③ 项目管理绩效评价应具有下列指标。

a. 项目质量、安全、环保、工期、成本目标完成情况。

b. 供方（供应商、分包商）管理的有效程度。

c. 合同履约率、相关方满意度。

d. 风险预防和持续改进能力。

项目管理绩效评价指标应层次明确、表述准确、计算合理、体现项目管理绩效的内在特征。项目管理绩效评价范围、内容和指标的确定与调整应简单易行、便于评价、与时俱进、创新改进，并经授权人批准。

(4) 项目管理绩效评价方法和程序

① 项目管理绩效评价机构应在评价前，根据评价需求确定评价方法。项目管理绩效评价机构宜以百分制形式对项目管理绩效进行打分，在合理确定各项评价指标权重的基础上，汇总得出项目管理绩效综合得分。

② 应根据项目管理绩效评价需求规定适宜的评价结论等级，以百分制形式进行项目管理绩效评价结论，宜分为优秀、良好、合格、不合格四个等级。

③ 不同等级的项目管理绩效评价结果应分别与相关改进措施相结合，管理绩效评价与项目改进同步，确保项目管理绩效的持续进行。

④ 项目管理绩效评价完成后，组织应总结评价经验，评估评价过程的改进需求，采取相应措施提升项目管理绩效评价水平。

（5）项目管理绩效评价报告内容

① 项目基本概况。

a. 项目参建单位的基本情况介绍：项目的主要内容，立项的依据、目的和意义，财政预算部门立项的相关依据性文件等。

b. 项目实施情况：项目开展情况、项目规模、项目范围、项目所在区域、资金投向等。

c. 项目资金来源和使用情况：项目资金拨付的单位、资金拨付流程、资金使用流程等财政资金来源与管理情况，各具体分项资金的预算及实际使用和支出情况等；对于经常性项目，还包括历史年度资金的使用情况等。

d. 绩效目标和实现程度：项目实施过程中目标、计划的调整变化情况，绩效总目标和阶段性目标的完成情况，项目的实际支出情况和财务管理状况等。

② 绩效评价的组织实施情况。

a. 绩效评价目的。

b. 绩效评价实施过程。

c. 绩效评价人员构成。

d. 数据收集方法。

e. 绩效评价实际效果。

③ 绩效评价指标体系、评价标准和评价方法。

a. 绩效评价指标体系的设定原则和具体内容。

b. 绩效评价的具体标准和切实可行的方法。

④ 绩效分析和绩效评价结论。

a. 项目决策：项目决策是否符合经济社会的发展规划要求，项目申报和批复程序是否符合相关管理办法的规定，是否根据进度计划需要制定相关资金管理办法，资金分配结果是否合理等。

b. 项目管理：项目实施过程中资金到位率，资金是否及时到位，资金使用是否合规，资金管理、费用支出等制度是否健全，组织机构是否健全，分工是否明确，项目管理制度是否健全并得到有效执行。

c. 项目产出：项目产出数量、质量、时效是否达到绩效目标要求，项目产出成本是否按绩效目标控制，项目投入使用后是否产生了经济效益、社会效益、环境效益和可持续影响，项目服务对象的满意程度。

在对绩效指标进行分析和评价时，要充分利用评价过程中所搜集到的数据，认真做到定性分析与定量分析相结合。绩效评价指标评分应当依据充分、数据使用合理适当，确保绩效评价结果的合理性、公正性、客观性。

⑤ 主要经验及方法。绩效评价报告要通过分析各指标的评价结果及项目的整体评价结论，总结建设项目在立项、决策、实施、管理等方面的经验，为类似项目在以后年度顺利开展并提高综合效益积累有价值的经验。

⑥ 存在的问题及原因分析。绩效评价报告要通过分析各指标的评价结果及项目的整体评价结论，总结建设项目在立项、决策、实施、管理等方面存在的不足和原因，为相关建议

的提出奠定基础，为以后类似项目实施开展提供借鉴和提醒。

⑦ 分析建议。绩效评价报告要有针对性地对项目存在的不足提出切实可行的改进措施和具体建议。建议和措施应当有较强的可行性、前瞻性和科学性，有利于今后促进财政预算部门和项目实施单位提高绩效管理水平。

⑧ 评估机构签章。绩效评价报告应当由评估单位的编制人、审核人签字，并加盖单位公章。

⑨ 相关附件。

a. 主要评价依据目录详表。

b. 实地调研和座谈会相关资料。

c. 调查问卷格式和汇总信息。

d. 其他支持评价结论的相关资料。

e. 评估人员资格、业绩证明文件。

f. 评估机构资质、资格证明文件。

4.6.7 项目后评价与绩效评价的区别

项目后评价与项目绩效评价都是评价主体对评价对象进行的考核及评价活动，但其在概念、评价目的、评价作用、评价时间、评价过程、评价性质、评价细则和评价结果上，存在明显不同。主要差异见表4-18。

表4-18 项目后评价与项目绩效评价对比表

序号	评价对象名称	项目后评价	项目绩效评价
1	评价依据	将实施结果作为评价依据	以结果为导向面向过程
2	评价目的	形成结论并为后期借鉴	过程中评价并及时督促改进
3	评价性质	回顾分析并反馈	循环运用
4	评价时间	项目建设完成	从项目前期开始，贯穿项目建设实施全过程
5	评价作用	最终总结后续借鉴	随时反馈并进行改进
6	评价过程	项目建成后一次性评价	实施过程中进行循环评价并及时改进提高
7	评价细则	全面总结投资项目的决策、实施、管理和运营情况，分析项目的技术、经济、社会和环境效益影响，为投资决策和项目管理提供有价值的经验和教训，改进并完善建设项目管理，提升项目的可持续性	通过适用的量化指标和评价标准、规范的考核方法，对项目的前期计划、实施过程及其完成成果进行的综合性考核与评价，对项目的管理、经济、技术、社会、生态和可持续发展绩效等内容，进行客观的衡量比较和综合性评判，以更好地实现项目目标，提高资金的使用效益
8	评价结果	显示结果	提出改善方法和方向
9	评价报告	项目最终完成后一次出具	项目实施过程中多次出具

第5章 全过程工程咨询竣工阶段运维咨询

5.1 项目运维咨询建议的内容

项目运维咨询建议的内容根据项目的具体情况一般包括：地下室顶板等设计的重点部位交底、管线走向等隐蔽工程的交底、设备的安装及运行指南交底、变更交底、竣工验收情况说明。

在施工管理中分项及隐蔽工程工序验收和竣工验收过程中发现影响运维的重要质量缺陷及修复情况，设备安装与调试中的设备状况及出现的问题要予以说明。施工实施及竣工验收涉及上述内容的文件、现场实施照片资料及影像资料等相关资料。

项目运维咨询建议的重点，主要是需要特别关注在施工管理中分项及隐蔽工程工序验收和竣工验收过程中发现的影响运维的重要质量缺陷及修复情况；对设备安装与调试中的设备状况及出现的问题提出运维的维护保养管理中的处理建议。

在建设项目验收和试运行时能发现由于规划、设计、施工中的不足对后期运维使用产生影响的不良因素。项目运维咨询建议的作用和意义就在于全过程工程咨询单位通过项目全过程的介入和系统集成式的管理，对项目建设中的状况了然于胸，对在竣工验收和试运行中发现的对后期运维管理有影响的不良因素通过项目运维咨询报告传递给运维单位，使运维单位充分全面地了解影响项目运维的因素情况，做到提前预防和重点维护，为运维管理工期做好准备，从而降低建设项目在建设期内的不足对运维的影响，也提高项目运维的效率，保障项目目标的实现。

5.2 项目运维咨询建议书参考模板

（1）项目的概况　项目概况内容为：建设项目名称、项目建设内容、建设目标、建设规模、工程分类、结构型式、合同工期及实际工期、质量标准、承包单位及设备供应商等单位名称和主要负责人及其联系方式等，以及其他需要说明的内容。

（2）影响运维管理因素一览表　影响运维管理因素内容一览表见表 5-1。

表 5-1　影响运维管理因素内容一览表

序号	影响运维管理因素	内容说明	文件名称	影像资料编号	备注说明
一	设计阶段				
1.1	地下室顶板的设计荷载				
	……				
二	施工阶段				
	……				
三	竣工阶段				
	……				
四	试运行阶段				
	……				

（3）项目运维咨询的建议　内容包括：对各阶段的分项及隐蔽工程工序验收和竣工验收过程中发现的影响运维的因素进行运维管理建议，对特别重要部位质量的缺陷、设备安装与调试中的设备状况及出现的问题，提出运维的维护保养管理中的合理化建议。

5.3 运维的培训服务

建设单位及承包单位和设备供应商通过竣工验收试运行阶段，已经对建设项目的运营积累大量的经验，对建设项目运行过程中的不足和维护有了相当全面的认识。组织运维培训目的主要是岗前能培养熟练操作和维修的操作人员和维修人员，使他们获得对建设项目主体及设备等的必要的知识和技巧，并能熟练地应用这些知识和技巧为建设项目竣工交付后顺利使用提供保障，提升建设项目的运行效率，更好实现建设项目的目标。全过程工程咨询负责单位充分利用这一优势协助建设方组织以上相关单位对运维人员进行交付前的岗位培训工作。

对于运维培训的计划、运维培训的组织、运维培训的流程、运维培训的实施、运维培训的考核等，将在本丛书第八册《全过程工程咨询运维阶段》中详细介绍。

第6章 全过程工程咨询竣工阶段的项目创优和增值服务

6.1 全过程工程咨询增值服务概述

6.1.1 增值服务概念

目前"项目增值服务"没有统一的定义,但其核心内容是指根据委托方需要,提供超出常规服务范围的价值增加服务,或者采用创新的思维方式和坚实的理论基础,借助全过程工程咨询实践的契机,以超常规独创的方法提供的产生增加价值的服务。

6.1.2 全过程工程咨询增值

2018年天津理工大学教授尹贻林先生就率先提出以策划为先导,以投资管控为主线,以增值为目标的项目管理全过程咨询服务,使全过程工程咨询产生增值,是最容易统一思想的尺度。

6.1.2.1 项目增值的三大理念

(1)价值链分析 价值链分析法是迈克尔·波特在其竞争战略理论中提出的分析方法。通过对可行性研究、勘察设计等基本活动和业主控制,政府监督、招投标与合同、监理等辅助活动进行研究,分析建筑业价值链的形成。

(2)价值管理 价值管理的基本模型是 $V = F/C$,即价值与功能成正比,与全生命周期费用成反比。不改变设计，只提供性价比最优的方案。利用好价值工程理论，是项目产生增值的有效途径。

（3）全生命周期成本 LCC（Life Cycle Cost，简称 LCC） 全生命周期成本是产品在有效使用期间所发生的建造和使用成本。

建设项目全生命周期分为项目决策阶段、设计阶段、招标阶段、施工阶段、运行与维护阶段和拆除阶段。建设项目全生命周期阶段分类见图 6-1。

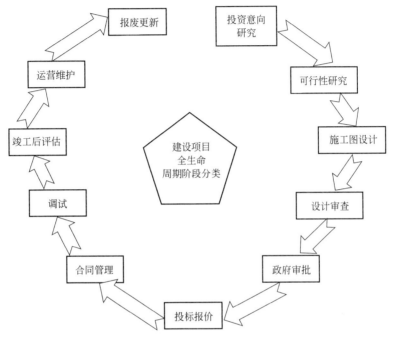

图 6-1　建设项目全生命周期阶段分类

项目全生命周期成本 LCC 管理的具体内容。

首先，应确定各种目标值，在建设实施过程中阶段性地收集完成目标的实际数据，将实际数据与计划值比较，若出现较大偏差时采取纠偏措施，以确保目标值的实现。

其次，工程成本的有效控制是以合理确定为基础，有效控制为核心，它是贯穿于建设工程全过程的控制。

在建设项目投资决策阶段、设计阶段、招标阶段、施工阶段和运行与维护阶段，把建设项目的成本控制在批准的限额以内，随时纠正发生的偏差，以保证管理目标的实现，以求合理使用人力、物力、财力来取得较好的投资效益和社会效益。要有效地控制工程成本，应从组织、技术、经济、合同与信息管理等多方面采取措施，其中经济与技术相结合是控制工程成本最有效的手段。要通过技术比较、经济分析和效果评价，正确处理技术先进与经济合理两者之间的对立统一关系，力求在技术先进条件下的经济合理，在经济合理基础上的技术先进，把控制成本观念渗透到设计和施工措施中去。

最后，要立足于事先控制即主动控制，以尽可能地减少或避免目标与实际值的偏离。也就是说，工程成本控制既要反映投资决策，反映设计方案优选，反映施工中被动地控制，更要主动影响投资决策，影响设计和施工，还要进行主动控制。

项目全生命周期成本管理如图 6-2 所示。

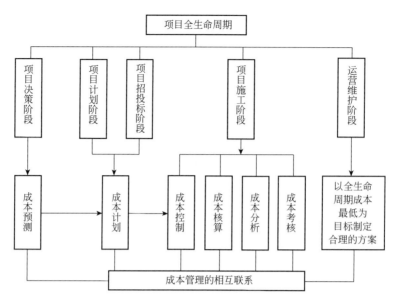

图 6-2 项目全生命周期成本管理

6.1.2.2 项目增值的手段

① 互联网+BIM 实现工程咨询业务的向前集成，向后延伸，解决了资源错配问题。在决策和初步设计阶段，影响项目投资的可能性为 70%～90%；在技术设计阶段为 30%～70%；在施工图设计阶段为 10%～35%；而在施工阶段，通过技术经济措施节约投资的可能性只有 5%～15%。可见，决策及设计等前期阶段是影响工程成本最重要的阶段，是节约可能最大的阶段。利用 BIM 对已有的项目数据实现系统分析与传递，从而实现节约项目投资。

② 标准化、规范化、系统化也可助力项目增值，充分了解行业内的新标准、新规范、新法规等，参与总结制定不同类型建设项目的各阶段实施方案和预控措施。将管理服务改为采用规范化、系统化、数据化、信息化管理模式，对工程项目实施精细、准确、完整、快捷的标准化作业规范与有效控制，将职能扩展到前期的项目决策、设计优化、投资控制等前期阶段，在前期策划和设计过程中开始考虑项目建成后的运营维护管理等。

对于复杂状况的解决能力、整体性管理水平和多方位协调沟通技能，及后期跟踪控制环节，可实现项目全生命周期的进度控制、投资控制和质量控制。采用需求综合能力和效率优先的原则，同时也明确要求全咨企业提升核心竞争力，培育综合性多元化服务及系统性问题一站式整合服务能力。

③ 进行可施工性分析。对建设项目进行可施工性分析可以防控因设计与施工的矛盾而引起的成本增加和变更返工等诸多弊端。

可施工性分析的施工技术与组织优化可产生明显的效益，应用可施工性分析可缩短工期 10% 以上，减少投资 5% 以上，而 BIM 是可施工性分析的利器。

进行可施工性分析的作用如下：

一是要使可施工性的设计优化追求施工便利以降低施工措施费。二是便于控制工期。三是有利于避免各类事故的发生。四是方便施工质量控制。五是要达到"四降低",即降低对施工现场的要求；降低对工人技能的要求；降低对施工机械的依赖；降低对冬雨季施工特殊方案的要求。

同样要对与可行的设计方案匹配的施工方案进行适配性分析,列举各项指标并打分后,汇总选择得分最高方案。

④ 可运营性分析。运营维护方案优化是基于可运营性分析、收益管理及设施管理的运营维护方案优化。方案追求运营绩效最优,包括可经营项目的成本/效益分析、运营价格市场接受程度分析、环保项目邻避效应风险评估、项目对使用者便利性分析、维修的便利性和经济性、未来市场需求风险评估、公共安全风险分析等要素。

6.1.3 把握技术创新需求,搭建技术创新平台

把握技术创新需求,搭建技术创新平台,加速吸收国内外的科技创新资源。

随着互联网与硬科技的融合,包括电子商务、智能硬件和智能制造在内的新实体经济快速发展,逐步成为全咨增值的新引擎。

当代建设领域急需采用的四大"黑科技",可简要地概括为四类,即人工智能、区块链、云计算和大数据,这四大"黑科技"将有助于大幅度提升工程咨询产业的工作效率。

第一表现在项目设计方案优化,第二是改善各方信任水平,第三是合同管理与支付将得到各方一致的支持,第四是将工程造价咨询中的算量业务与咨询分开,第五是咨询模板智能生成,第六是咨询质量智能化管理,第七是企业咨询数据库智能自动生成,第八是激励考核机制智能化、标准化和精准化。正是因为四大"黑科技"迅速地崛起,才使得工程咨询企业有了迅猛发展的阶梯。借助现代科技手段和工具,产生了明显的体系化效果,具体如下。

一是全咨服务机构通过人工智能和大数据创新优化建筑市场管理资源的配置,形成现有的、科学的管理体系,促进全咨服务机构的自身增质。

二是被服务单位通过全咨服务机构的精准服务和无缝对接政府政策、国家法律法规及国际通用准则实现建筑企业全方位的节能降耗,开源节流,科技创新,以达到企业的增值。以上两点,需在遵循市场经济游戏规则的同时,为建筑企业搭建与政府沟通的桥梁,实现企业少走弯路,不走弯路,来达到面向社会的增值。

也就是说全咨服务机构通过科技创新,除了本身的增值外,更要让被服务企业也尝到增值的甜头。如此循环,才能达到全咨机构和建筑企业的连锁增值。假如建筑企业不认真配合全咨服务机构的工作,全咨服务机构何谈全咨增值？而今有政府政策的认可和支持,全咨服务机构和各级人员广开思路、融合创新、渴求知识、强大"内功",形成一批综合性全咨高端人才,使全过程工程咨询真正产生其巨大价值！

正是认识到科技创新对全咨增值的重要性,所以依托国家制定的创新驱动发展战略,通过优化的科技创新引领全咨向更高质量发展。

国家鼓励和推动建设领域 BIM 应用多年,全过程工程咨询是 BIM 发展的大好机遇,BIM 是全过程咨询服务项目增值最好的工具。BIM 成本管控有三大驱动力。

首先是数据驱动,BIM 应用的过程是数据生产应用和管理的过程。BIM 实践可积累大量的成本数据。而数据是项目成本策划和成本控制最核心的环节,数据可以让造价师不必研

究过深的技术细节而直接对项目的结果做出预判，在项目成本策划和成本控制上有独特的价值，是造价师进行成本策划的利器。

其次是技术驱动，BIM的本质是用新的技术手段去改变旧的作业方式。BIM涉及大数据应用、云计算、GIS、VR、AR等各种手段，出现了很多新的生产方式，这些新的生产方式有的大大提高了生产效率，有的节约了生产成本，有的减少了用工工时，有的提升了项目品质。这些都导致一个项目的成本结构发生很大的变化，对项目成本管控带来巨大的价值提升空间。

最后是管理驱动，BIM带来全新的基于数据管理平台的项目管理方法。过去工程建设项目管理是一种粗放型的项目管理，而BIM的应用可以将项目质量、进度和成本数据彼此关联，将项目管理的精度控制到构件级，并且做到全生命周期的项目管理，大大增强了项目成本管控的能力。

由此可见，BIM对项目的成本管控具有颠覆性的革命，可以极大地提升在项目策划和项目控制方面的价值，是成本行业通向新的价值高地的制胜法宝。

既然BIM成本管控对实行全生命周期项目管理的项目的全面增值如此重要，那么怎么有效地进行成本管控的转型，提升自身的行业话语权，帮助企业走向新的康庄大道呢？请详细参阅本丛书相关内容。

6.1.4　快速培养高端咨询人才，提高咨询产品创新能力

毋庸置疑，任何目标的实现最根本的需求是人才，如果没有与之相匹配的人才的参与，任何事物都只是空谈。

咨询单位要高度重视全过程工程咨询项目负责人及相关专业人才的培养，加强技术、经济、管理及法律等方面的理论知识培训，培养一批符合全过程工程咨询服务需求的综合型人才，为开展全过程工程咨询业务提供人才支撑。企业也可联合高端培训机构进行全过程工程咨询急需人才的培养和输送。

全过程工程咨询需要全能型、复合型项目管理高端人才，高端人才应具备如下三大能力：

一是综合能力，包括系统性思维，整体性管理水平，多方位沟通技能，复杂状况的解决能力；二是项目管理能力，包括策划、管控、增值、整合；三是专业咨询能力，包括项目决策阶段、建设实施阶段、项目运维阶段等，重点需提升前期规划、决策咨询能力。

全咨能力提升的四大路径如下：
① 全咨理论的系统学习。
② 全咨实训。
③ 全咨交流。
④ 全咨项目实战。

6.1.5　全过程工程咨询的优势分析总结

全过程工程咨询的优势主要体现在节约投资成本、加快工期进度、提高服务质量、有效规避风险四个方面。

一是节约投资成本。全过程工程咨询采用单次招标方式，可使合同成本大大低于传统模

式下的设计、施工、造价、监理等分别多次发包的合同成本。同时，由于咨询服务覆盖了工程建设的全过程，有利于整合各阶段工作内容，实现全过程投资控制，还能通过限额设计、优化设计和精细化管理等措施提高投资收益，确保项目投资目标的实现。

二是加快工期进度。一方面，全过程工程咨询可大幅度减少业主日常管理工作和人力资源投入，有效减少信息漏斗、优化管理界面；另一方面，不同于传统模式下冗长繁多的招标次数和期限，全过程工程咨询可有效优化项目组织、简化合同关系，有利于解决设计、施工、造价、招标、监理等单位之间存在的责任分离等问题，加快建设进度。

三是提高服务质量。全过程工程咨询有助于促进设计、施工、监理等不同环节、不同专业的无缝衔接，提前规避和弥补传统单一服务模式下容易出现的管理漏洞和缺陷，提高建筑的质量和品质。全过程工程咨询模式还有利于调动企业的主动性、积极性和创造性，促进新技术、新工艺、新方法的推广和应用。

四是有效规避风险。在全过程工程咨询中，工程咨询企业是项目管理的主要责任方，在全过程管理过程中，能通过强化管控有效地预防生产安全事故的发生，大大降低建设单位的责任风险。同时，还可避免与多重管理伴生的腐败风险，有利于规范建筑市场秩序，减少违法、违纪、违规行为。

全过程工程咨询是国家宏观政策的价值导向，更是行业发展不可阻挡的趋势。全过程工程咨询覆盖面广、涉及专业多、管理界面宽，对提供服务的企业专业资质和综合能力提出了较高要求。业务模式及种类的确定、相应规范和要求的出台、政策环境的构建都十分重要。

6.1.6 宏观分析和政策导向

在我国开拓全咨经济出行的背景下，在新的市场环境里，转型为创新型全咨还面临着诸多困难，需要政府和社会提供更多支持和帮助，解决全咨发展的动力不足问题。

近年来，因为国际和国内市场需求的变化，尤其是市场结构升级对全咨产品和全咨服务提出了迫切的需求。而全咨的发展需要思想创新的跟进和技术创新的投入，以解决技术供给不足和人才匮乏的问题。如何破解上述难题，需要采取如下措施。

第一，为推动全咨的创新步伐，在盈利能力不断下降和人工成本持续上涨的条件下，过高的税费负担会不断压缩建筑企业的生存空间。同时，施工技术的升级本身就存在着高度的不确定性，如果不能形成社会分担机制，建筑行业就会面临严峻的形势。

第二，中国实体经济的微观基础也包括中小型建筑企业群。中小型建筑企业群往往是专业化程度不高、供应链体系不完整的群体。如何推动中小型建筑企业群的发展，解决这个群体转型升级面临的紧迫问题无疑是技术上的创新，通过搭建技术创新平台的方式加速吸收国内外的科技创新资源，才能推动中小型建筑企业群的转型和升级。

第三，积极实施"互联网+"行动计划。目前我国的数字红利还没有得到完全释放，数字和智能技术与传统产业的融合尚处于初级阶段。加快数字和智能技术与建筑行业的融合，是推动全咨发展的基本战略。数字经济包括两个部分：数字科技产业化部门和产业数字化部门。实体经济的发展既依赖前一个部门也融入后一个部门。其中积极推动数字科技向实体经济的融合更需要政府政策的激励和全咨平台的率先推动。

第四，通过改革融资体制，促进资金投向实体经济。房地产业虚拟经济持续多年的收益不断把资金投入到非实体经济。非生产性投资的增长不仅影响到实体经济的发展，而且最终会因为没有带来工资性收入的增长影响市场需求和消费。如何抑制虚拟经济的膨胀，使更多资金投向实体经济，不仅是解决实体经济本身的问题，还涉及国家经济的可持续发展。

如何实现全咨的高质量发展，创新驱动建筑企业转型升级是根本。而创新驱动全咨发展是一个复杂问题，涉及国家和地方政策、大学和科研院所、企业和金融机制诸多主体的协同。构建一个有效推动建筑业创新发展的微观激励约束机制，是当前建筑领域经济工作的重心。

6.2 建设项目领域创优奖项的介绍

在建设前期就开始为建设项目创优获奖进行筹划和准备，通过工程质量创优，提高经济效益，赢得社会信誉，树立标杆，示范引领，产生品牌效应，是建设项目增值的常见且最有效和最有影响力的方法。本节将常见有影响力的国际奖项、国内大奖及各省市的最高奖项的主办机构、评奖流程、评奖标准、评奖资料目录进行重点介绍。典型获奖项目案例的增值成果在第 7 章介绍。

对于国际建设项目的奖项，只对国际上最具影响力和我国建设领域参与并获得过奖励的几个奖项进行简要介绍。

6.2.1 国外项目建设领域创优奖项的介绍

国外建设项目主要奖项有国际咨询工程师联合会的菲迪克奖（FIDIC Awards）、英国皇家特许测量师学会的 RICS 中国年度大奖（RICS Awards China）、亚洲建筑师协会的亚洲建筑师协会建筑奖（ARCASIA Awards for Architecture，AAA）等，详见表 6-1。

表 6-1 国外项目建设领域奖项

序号	奖项名称	授予部门	所属级别
1	菲迪克奖（FIDIC Awards）	国际咨询工程师联合会	国际大奖
2	RICS 中国年度大奖（RICS Awards China）	英国皇家特许测量师学会	国际大奖
3	绿色解决方案奖（Green Solution Awards）	Construction21 国际	国际大奖
4	亚洲建筑师协会建筑奖（ARCASIA Awards for Architecture, AAA）	亚洲建筑师协会	亚洲
5	项目成就奖（Project Achievement Awards）	美国建筑管理协会（CMAA）	美国
6	RIBA 国际卓越奖（RIBA International Awards）	英国皇家建筑师学会	英国

（1）菲迪克奖（FIDIC Awards） 国际咨询工程师联合会（简称 FIDIC），是全球工程咨询行业权威性的国际非政府组织，代表制定行业的国际标准的最高水平。1913 年，FIDIC 由比利时、法国和瑞士三国咨询工程师协会成立，至今已有来自全球 60 多个国家的成员协会，其目的是共同促进成员协会的职业利益，以及向成员协会会员传播有益信息。

2013 年在 FIDIC 成立百年之际，按照"质量、廉洁、可持续发展"的核心原则，FIDIC

首次评选"百年工程项目奖",此后每年都在全球范围内评选表彰一批对世界经济社会发展具有突出作用的工程项目。

2013年～2018年9月,中国大陆共有19个工程项目获得菲迪克"杰出奖"或"特别优秀奖"、42个工程项目获得"优秀奖"。

2018年9月,在德国柏林召开的国际咨询工程师联合会全球基础设施大会上,22个获奖工程项目中,中国大陆占11个。其中,科技项目首次获奖,实现了零的突破。此次我国获奖的11个项目中,有6个交通项目、2个电力项目、1个产业项目、1个科技项目和1个民用建筑项目。这些项目都是对经济社会发展具有重大影响的基础和民生项目,反映了我国新时代工程建设的整体水平和工匠精神。

2018年菲迪克大会上中国大陆获奖的11个工程项目中,合肥至福州高速铁路、雅砻江锦屏一级水电站荣获"杰出奖",贵阳至瓮安高速公路荣获"特别优秀奖",宝钢湛江钢铁基地、北外滩白玉兰广场、宁波梅山春晓大桥工程、兰渝铁路西秦岭隧道、国家风光储输示范工程、500米口径球面射电望远镜、黄冈长江大桥和上海市轨道交通12号线等8个工程项目荣获"优秀奖"。

(2)RICS中国年度大奖(RICS Awards China) 英国皇家特许测量师学会(Royal Institution of Chartered Surveyors,缩写"RICS"),成立于1868年,是一家以英国为基地、规管英国在内多个国家皇家特许测量师学会会员的独立专业团体。RICS主要的测量专业范畴涵盖土地和房地产等多方面的固定资产,并负责提供测量学方面的教育、制定相关的培训标准,向不同政府和商业机构提供专业意见,以及透过制定严谨的守则保障消费者。

RICS年度大奖作为地产及建造领域享有盛誉的国际奖项,在国际间已经有超过20年历史,并于2017年首次登陆中国。自推出以来,该奖项在业界的影响力不断提升,吸引了众多相关机构和企业的积极参与。2019年RICS中国年度大奖共设置11个奖项,展示了建造环境不同领域的卓越成就和经验。

(3)绿色解决方案奖(Green Solution Awards) 绿色解决方案奖(Green Solution Awards)是由Construction21国际举办并评选的年度国际奖项。

Construction21国际是以应对气候变化为宗旨,以推进绿色建筑行业信息共享、促进行业经济发展为出发点,宣传绿色建筑、健康建筑、超低能耗建筑、低碳建筑、智慧建筑和生态城区理念,推广优秀建筑实践经验,推动建设行业可持续发展,积极应对全球变化的非营利性组织。

Construction21国际开展的绿色行动受到了法国能源部、法国环境和海洋部、法国住房和可持续发展部、法国能源和环境管理署、国际区域气候行动组织、全球建筑联盟、法国建筑科学技术中心、德国被动房研究所、世界绿建委、施耐德电气有限公司等相关政府机构、民间组织及企业的大力支持。

通过建立国际化、专业化的创新性综合信息交流平台并举办年度国际"绿色解决方案奖",宣传相应理念,推广优秀项目实施经验,推动建筑行业可持续发展。该颁奖典礼是每年联合国气候大会的重要组成部分,获奖项目信息将在Construction21国际网站永久展示。

2017年3月23日,Construction21(中国)正式启动中国平台工作。Construction21

（中国）以国家建筑工程技术研究中心（隶属于中国建筑科学研究院）为依托，负责开展中国的相关活动并与国外平台对接。Construction21（中国）通过建立实时信息数据国际化通道，推荐中国优秀项目到国际平台进行展示，促进国内外学习交流与优秀成果共享，推进我国绿色建筑健康发展。

（4）亚洲建筑师协会建筑奖（ARCASIA Awards for Architecture，AAA） 亚洲建筑师协会建筑奖是亚洲地区建筑界的最高建筑设计大奖。该奖只授予亚洲17个会员学会的建筑师。

亚洲建筑师协会（以下简称亚洲建协）致力于提升亚洲总体及各成员国（地区）的建筑环境，亚洲建筑师协会建筑奖的设立，旨在鼓励和嘉奖亚洲的优秀建筑，弘扬建筑佳作，并以此鼓励亚洲精神的传承，推动建筑环境的提升，增强建筑和建筑师在亚洲各国的社会与经济文化发展中所起的作用。

自2013年起，亚洲建筑师协会建筑奖由两年评选一次改为一年评选一次，共6大类奖项类别，包括住宅项目、公共设施建设、工业建筑、保护项目、建筑的社会责任与可持续性。

参赛资格如下：

① 参赛建筑师是亚洲建协17个会员学会的会员，并参与了亚洲建协成员国（地区）或其他地区的建筑工程。

② 不属于亚洲建协17个会员学会的会员，但已在亚洲建协成员国（地区）的注册机构注册并参与亚洲建协成员国或其他地区的建筑工程的建筑师。

③ 不属于亚洲建协成员国（地区）的居民，但是已在亚洲建协成员国（地区）的注册机构注册并参与亚洲建协成员国（地区）的建筑工程的建筑师。

④ 所参选的项目工程需在亚洲建协建筑奖颁奖日期前至少两年竣工，一切设施正常运转。评审团成员在近3年内的商业合作伙伴、前商业合作伙伴、员工等，或是评审团成员的直系亲属不能报名参加。

⑤ 评审团将由亚洲建协官员、大赛召集人、建筑师等5人组成。评委会将考虑地区的差异性，特别关注社会文化、环境、地点以及设施的建设水准。建筑作品应该符合亚洲的人文和技术文脉。

（5）项目成就奖（Project Achievement Awards） 由美国建筑管理协会CMAA(Construction Management American Association)组织评选的奖项。CMAA是美国第一个建设行业协会，20世纪初在美国芝加哥正式成立。

美国领先的专业施工和项目经理在世界各地做的创意和创新的建设项目，不管项目的规模和复杂性如何，许多这样的项目都有一个故事可以讲授。无论是小型小学改造，还是大型的联邦设施或者大坝，成功的项目都代表着行业的经验教训。

（6）RIBA国际卓越奖（RIBA International Awards） RIBA国际卓越奖是世界上最严格的建筑奖之一，每两年颁发一次。其于1834年以英国建筑师学会的名称成立，1837年取得英国皇家学会资格。它的宗旨是：开展学术讨论，提高建筑设计水平，保障建筑师的职业标准。该奖项用以表彰杰出的建筑设计和追求。

这些奖项为建筑树立了一个新的全球标准，并对任何合格的建筑师或建筑实践开放。奖项包括了新兴建筑、预算有限的小型项目以及规模较大的项目。

6.2.2 国内项目建设领域创优奖项的介绍及评定标准

据不完全统计，我国仅各类国家级和协会级的建筑奖项就超过 50 多项，地方省市一级的建筑奖项大概超过 300 多项，这还不包括各类媒体、机构和民间举办的评奖。而这么多的奖项真正有分量和影响力的不外乎国家大奖，目前国内最具权威最有影响力的国家级奖项如表 6-2 所示。

表 6-2 中国建筑业奖项国家级目录

序号	奖项名称	授予部门	所属级别
1	中国建设工程鲁班奖	住房和城乡建设部 / 中国建筑业协会	国家
2	国家优质工程奖	中国施工企业管理协会	国家
3	中国土木工程詹天佑奖	中国土木工程协会 / 北京詹天佑土木工程科学技术发展基金会	国家
4	华夏建设科学技术奖	住房和城乡建设部科技发展促进中心	国家
5	中国建筑工程装饰奖	中国建筑装饰协会	国家
6	梁思成建筑奖	中国建筑学会 / 住房和城乡建设部	国家
7	工程总承包金钥匙奖	中国勘察设计协会 / 中国工程咨询协会	国家
8	中国建筑工程钢结构金奖	中国建筑金属结构协会 / 住房和城乡建设部	国家
9	工程项目管理优秀奖	中国勘察设计协会 / 中国工程咨询协会	国家
10	绿色建筑创新奖	住房和城乡建设部	国家

（1）中国建设工程鲁班奖 "鲁班奖"1987 年由中国建筑业联合会设立，1993 年移交中国建筑业协会。主要目的是鼓励建筑施工企业加强管理，搞好工程质量，争创一流工程，推动我国工程质量水平普遍提高。目前，这项标志着中国建筑业工程质量的最高荣誉，由住房和城乡建设部、中国建筑业协会颁发。

这个奖项是行业性荣誉奖，属于民间性质。1996 年 7 月，根据建设部"两奖合一"的决定，将 1981 年政府设立并组织实施的"国家优质工程奖"与"建筑工程鲁班奖"合并，奖名定为"中国建筑工程鲁班奖"，后更名为"中国建设工程鲁班奖"。每年评选一次，后改为每两年评选一次，评选数额为每年 45 个。

"鲁班奖"有严格的评选办法和申报、评审程序，并有严格的评审纪律。评审由评审委员会负责，协会只负责受理申报、组织初审和工程复查，不干预评选工作。评委由国务院有关部门和各地区的专家组成，以无记名投票方式选定。

"鲁班奖"公布后，住房和城乡建设部、中国建筑业协会将向获奖单位授予"鲁班奖"金像和荣誉证书，对主要参建单位颁发奖状并通报表彰。获奖企业被允许在获奖工程上镶嵌统一的荣誉标志。为记录这一荣誉，中国建筑业协会还会把"鲁班奖"编辑成册，将其载入建筑史册。

（2）中国土木工程詹天佑奖 1999 年设立的"詹天佑大奖"全称为"中国土木工程詹天佑奖"，是中国土木工程设立的最高奖项之一。该奖由中国土木工程学会、詹天佑土木工程科学技术发展基金会联合设立，其主要目的是推动土木工程建设领域的科技创新活动，促进土木工程建设的科技进步，进一步激励土木工程界的科技与创新意识。因此，该奖又被称为建筑业的"科技创新工程奖"。

"詹天佑大奖"之所以出台于世纪之交，是因为科学技术的日新月异，要求建筑事业必须依靠不断进步和创新进行变革，为贯彻国家科技创新战略，提高工程建设水平，促进先进科技成果应用于工程实践，创造优秀的土木建筑工程，从而加快当代建筑业科技创新体系的建立和健全。

首届"詹天佑大奖"颁发于新中国成立五十周年之际，共有桥梁、隧道、房建、铁路、公路、港口、市政等21项工程获此殊荣，囊括了86个参建的设计、施工、科研单位。"詹天佑大奖"公布后，中国土木工程学会、中国科学技术发展基金会、詹天佑土木工程科学技术发展基金将向获奖单位颁发"詹天佑大奖"金像和奖牌、荣誉证书。

（3）梁思成建筑奖 "梁思成奖"是经国务院批准，以我国近代著名的建筑学家、教育家梁思成先生命名的中国建筑设计国家奖。从2000年起，每年颁发一次。

设立"梁思成奖"是为了激励我国建筑师的创新精神，繁荣建筑设计创作，提高我国建筑设计水平，表彰奖励在建筑设计创作中拥有重大成绩和贡献的杰出建筑师。

首届"梁思成奖"授予了建国五十年来在建筑设计创作中对我国建筑设计发展具有突出贡献的十名建筑师。自2001年起，该奖每两年评选一次，每次设梁思成建筑奖2名，梁思成建筑提名奖2～4名。每位获奖人员将得到10万元人民币奖励。

"梁思成奖"被提名者，必须是中华人民共和国一级注册建筑师和中国建筑学会会员，在中国大陆从事建筑创作满20周年。除此之外，其作品还必须得到普遍认可并具有较好的社会、经济和环境效益；对同一时期的建筑设计发展起到一定引导和推动作用。同时在建筑理论上有所建树并有广泛影响，有较高的专业造诣和高尚的道德修养，一般还应在国内或国际获得过重要奖项。

"梁思成奖"采取个人申报、专家委员会评选推荐、政府审定的办法。专家提名委员会由中国建筑学会依据建筑领域的动态专家库进行抽取组成，具有一定的地域性和广泛的代表性。由13人组成的委员会委员为正教授级职称并有一级注册建筑师资格，原则上该委员会委员不能成为被提名者；专家评选委员会由住建部有关司局、中国建筑学会和建筑界资深专家组成。为了保证该委员会的广泛代表性、公正性，"梁思成奖"的提名人员也不能参加专家评选委员会；审定委员会由住建部分管部长、有关司局领导和中国建筑学会负责人及建筑界代表组成。原则上，该委员会委员不能兼任专家评选委员会委员一职。

为了保证这项国家建筑设计奖的独立性、永久性，经国务院批准，"梁思成奖"的奖励基金，由国际建筑师协会第20届大会的经费结余组成，不由官方提供和企业赞助。

（4）绿色建筑创新奖 "绿色建筑创新奖"由住房和城乡建设部设立，由住房和城乡建设部科学技术委员会负责实施，日常管理由住房和城乡建设部科学技术司负责。设立该奖的目的是，贯彻落实科学发展观，促进节约资源、保护环境和建设事业可持续发展，加快推进我国绿色建筑及其技术的健康发展。

"绿色建筑创新奖"分工程类项目奖和技术与产品类项目奖。工程类项目奖包括绿色建筑创新综合奖项目、智能建筑创新专项奖项目和节能建筑创新专项奖项目；技术与产品类项目奖是指应用于绿色建筑工程中具有重大创新、效果突出的新技术、新产品、新工艺。

"绿色建筑创新奖"每两年评审一次，由省、自治区、直辖市建设行政主管部门负责组织本地的项目申报、初审和上报推荐。在此基础上，由住房和城乡建设部科学技术委员会办公室（设在住房和城乡建设部科学技术司内）组织评审并发布结果。"'绿色建筑创新奖'评审专家委员会"由绿色建筑领域的技术专家和国务院建设行政主管部门有关司局、行业学（协）会人员组成。通过评审的项目将在住建部官方网站公示，公示期为三个月。项目获奖后，住建部将以行文形式公布获奖项目，并向获奖单位颁发"全国绿色建筑创新奖"证书。"绿色建筑创新奖"是一个全新的奖项。它的设立，将推动更多建筑企业向公众提供健康、舒适、安全的居住、工作和活动的空间，同时实现节能、节地、节水、节材、环保的"四节一环保"目标，最终构建"人－建筑－自然"三者的和谐统一。

（5）华夏建设科学技术奖 "华夏建设科学技术奖"是建设系统以社会力量办奖形式设立的建设行业科学技术奖。设奖机构为中国建筑设计研究院，承办机构为住房和城乡建设部科技发展促进中心，决策机构为建设行业有关单位组成的奖励委员会。作为建设行业科技工作的归口司局，住房和城乡建设部科学技术司将对这一奖项进行扶持、规范、协调和指导。

设立"华夏建设科学技术奖"的目的是实施"科教兴国"战略，加快建设科技创新，提升我国建设行业的综合技术水平。根据国家《社会力量设立科学技术奖管理办法》，"华夏建设科学技术奖"的推荐范围为：城乡规划、村镇规划、工程建设、城市建设、村镇建设、建筑业、住宅房地产业、勘察设计咨询业、市政公用事业中的新技术、新产品、新工艺、新方法、新材料、计算机软件等建设科技成果；引进、消化、吸收、开发、应用国外先进技术与产品；为行业服务的标准、规范、科技信息、科技档案等科技基础性成果；与决策科学化、管理现代化相关的软科学研究成果；有组织有计划大规模推广应用并取得显著效益的科技成果；采用新技术、新成果完成的有示范作用的项目等。

推荐项目必须具有自主知识产权且无权属争议，具备技术含量高、创新性强，已实现产业化或有产业化潜力，市场前景好，对行业共性技术有较大带动作用等特点；完成单位必须具有国内独立法人资格；两个以上（含两个）单位共同完成的项目，由第一完成单位与其他完成单位协商一致后推荐上报。已获国家或省级科技奖励的不予推荐。

该奖先由各地建设厅科技主管部门提出推荐意见和奖励等级建议，再上报华夏建设科学技术奖励委员会办公室。

拟授奖项目将在有关刊物和网站上向社会公示。自公示之日起60天内为争议期，以广泛征求社会意见。获奖项目公布后，由华夏建设科学技术奖励委员会颁发奖状、证书和奖金。

（6）中国建筑工程装饰奖 中国建筑工程装饰奖是根据住房和城乡建设部建办〔2001〕38号文及住房和城乡建设部办公厅2002年7月9日的批复指示精神，由中国建筑装饰协会主办的评选活动，此奖项作为住房和城乡建设部批准设立的中国建筑装饰行业的最高荣誉奖，自2001年起每年进行评选，在社会各界已经产生了巨大的影响，已经得到了社会各界的广泛认同。此项工作得到了全国建筑装饰行业各级地方建筑装饰协会，各建筑装饰设计、施工企业，建筑幕墙设计、施工企业，各建筑装饰材料生产企业及各大新闻媒体的大力关注。各地方已把创"装饰奖"工程作为施工的目标，作为优质工程的象征，有力地推动了建筑装饰行业设计和施工水平的提高，同时也为规范各装饰企业的企业管理、施工管理、技术资料档案、质量保证体系等方面起到了有力的推动作用。

（7）中国建筑工程钢结构金奖　中国建筑工程钢结构金奖由中国建筑金属结构协会建筑钢结构委员会主办，简称钢结构金奖。钢结构金奖是我国建筑钢结构行业工程质量的最高荣誉奖。钢结构金奖的评选对象为从事建筑钢结构制作、安装企业在我国境内承包，已建成并投入使用的各类建筑钢结构工程。获奖单位分为主要承建单位和主要参建制作单位。每年评选一次，根据各省、自治区、直辖市和（或）国务院各有关部门（总公司）的上报情况，确定参评数量。

综上，建设领域包括的行业广泛、专业众多，各种不同等级和内容的奖项也随着建设行业的发展和新的管理模式的出现及施工工艺和技术的进步不断增加。

6.3 各省市建设领域创优奖项的咨询

国内部分省市建设领域奖项如表 6-3 所示。

表 6-3　国内部分省市建设领域奖项

序号	奖项名称	授予部门	所属级别	备注
1	白玉兰奖	上海市建筑施工行业协会	省级	
2	长城杯	北京工程建设质量管理协会	省级	
3	扬子杯	江苏省住房和城乡建设厅	省级	行政管理机构
4	泰山杯	山东省住房和城乡建设厅 / 省建协	省级	行政管理机构
5	海河杯	天津市建筑业协会	省级	
6	黄山杯	安徽省建筑业协会	省级	
7	钱江杯	浙江省建筑业行业协会 / 省工程质量管理协会	省级	
8	杜鹃花杯	江西省住房和城乡建设厅	省级	行政管理机构
9	芙蓉奖	湖南省建筑业协会	省级	
10	天府杯	四川省建设工程质量安全与监理协会	省级	
11	闽江杯	福建省工程建设质量管理协会 / 省建筑业协会	省级	
12	金匠奖	广东省建筑业协会	省级	
13	巴渝杯	重庆市建筑业协会	省级	
14	龙江杯	黑龙江省建筑业协会	省级	
15	长白山杯	吉林省建筑业协会	省级	
16	世纪杯	辽宁省建筑业协会	省级	
17	草原杯	内蒙古自治区住房和城乡建设厅	省级	行政管理机构
18	汾水杯	山西省建筑业协会	省级	
19	长安杯	陕西省住房和城乡建设厅 / 省建筑业协会	省级	行政管理机构
20	西夏杯	宁夏建设工程质量管理协会	省级	
21	江河源杯	青海省建筑业协会	省级	
22	天山奖	新疆维吾尔自治区建筑业协会	省级	

续表

序号	奖项名称	授予部门	所属级别	备注
23	雪莲杯	西藏自治区住房和城乡建设厅	省级	行政管理机构
24	安济杯	河北省建筑业协会	省级	
25	中州杯	河南省建筑业协会	省级	
26	楚天杯	湖北省建设工程质量安全检测协会	省级	行政管理机构
27	黄果树杯	贵州省建筑业协会	省级	

读者可根据各省市的文件要求进行各个阶段的部署和准备工作，本书不再一一介绍。

第7章 全过程工程咨询竣工阶段咨询案例

7.1 工程概况

某写字楼工程位于××市。规划用地面积为8056m²，建筑占地面积为2105m²，地上建筑面积为18415m²，地下室面积为4903m²。

本工程为综合写字楼，底层临××路为商业网点，二层西段为商业用房，其余为高档写字楼，主体分东西两部分，其中西边部分总层数为6层，建筑最高高度为22.8m，东边总层数为14层，建筑总高度为58m，地下1层，地下室层高为4.9m，首层层高为5.7m，二层层高为3.5m，其余楼层均为3.4m。

本工程室内设计地坪±0.000的绝对标高为5.200m，室外地面绝对标高为4.700m，结构形式为钢筋混凝土框架-剪力墙结构体系，防火等级一级，抗震设防烈度为6度，抗震设防类别为丙类，建筑安全等级为二级，耐火等级为二级。本工程地下室，为平战结合常六级人防工程，平时为汽车库，战时为六级人防。

根据与建设单位签订的施工合同，总承包单位的承包内容主要有：桩基、主体结构、防水工程、粗装修（内外墙抹灰、地下室装修）、机电安装工程。室内以及公共部分精装修、幕墙（包括铝合金门窗）景观、消防工程等由建设单位指定分包，总承包单位负责总承包管理。

为通过工程质量创优，提高经济效益，赢得社会信誉。针对办公综合楼工程的特点，对主体、装饰装修各施工阶段的控制重点，采取相应的措施，对工程验收的允许偏差项目和观感质量控制精益求精，使整个工程的要求统一、做法统一、质量统一，达到以卓越质量铸造品牌的效果。

应认真研讨施工组织设计、分析项目特点,通过确定新技术、新材料、新工艺的应用,从而降低成本、确保工程质量目标的实现。

7.2 创优策划

(1)目标分解 各施工阶段质量目标如表7-1所示。

表7-1 各施工阶段质量目标

工程验收/创优阶段	质量等级	验收/检查时间
地下工程结构验收	合格,一次验收通过	地下结构完成28d后验收
主体工程结构验收	合格,一次验收通过	结构完成28d后验收
竣工验收	合格,一次验收通过	工程竣工时验收
主体结构工程质量创优	市优质结构	市优质结构分阶段评审
竣工工程质量创优	争创"鲁班奖"	竣工后逐级评审

(2)策划过程 为了确保工程质量目标的实现,项目经理部在项目开工之初就进行了系统、详细的精品策划工作,建立完善的项目管理体系和相应的岗位责任制,确立以培训、服务拉动项目质量管理的策略,确定创优控制点,编制质量计划、工程创优计划,使项目一开始就纳入有序、受控的轨道。

根据本工程的特点,并且充分体现"创优、创新、创高"的管理思路,项目经理部确定了将大模内置外墙外保温和全高垂直度控制,作为本工程的创优控制点。要求做到"人无我有、人有我精、人精我专",制定高标准、超规范的质量控制指标及细致可行的施工方案,确保本工程的创优控制点成为工程的亮点。同时,根据工程的重要程度,即质量特性值对整个工程质量的影响程度来确定、设置工程质量控制点。项目经理部对施工的工程对象进行了全面的分析、比较,并且根据本工程的特点,确定了以下针对本工程质量控制的管理组织模式和管理措施。

(3)机构组织 项目部机构组织图见图7-1。

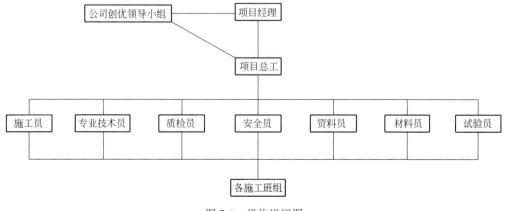

图7-1 机构组织图

（4）管理流程　管理流程图见图 7-2。

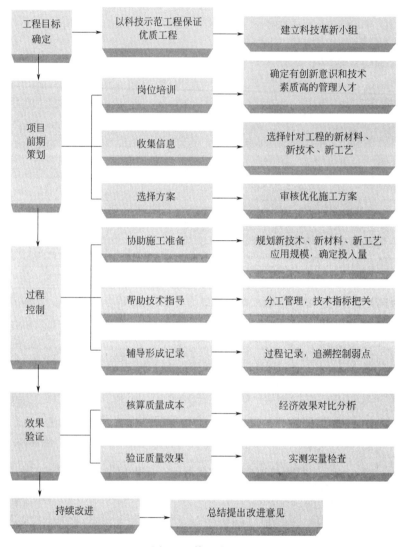

图 7-2　管理流程图

（5）质量控制和保证的指导原则

① 首先建立完善的质量保证体系，配备高素质的项目管理和质量管理人员，强化"项目管理，以人为本"。

② 严格过程控制和程序控制，开展全面质量管理，树立创"过程精品""业主满意"的质量意识，使该工程成为公司具有代表性的优质工程。

③ 制定质量目标，将目标层层分解，质量责任、权力彻底落实到位，严格奖惩制度。

④ 建立严格而实用的质量管理与控制办法和实施细则，在工程项目上坚决贯彻执行。

⑤ 严格样板制、三检制、工序交接制度、质量检查和审批等制度。

⑥ 广泛深入开展质量职能分析、质量讲评，大力推行"一案三工序"管理措施，即"质量设计方案、监督上工序、保证本工序、服务下工序"。

⑦ 利用计算机技术等先进的管理手段进行项目管理和质量管理与控制，强化质量检测和验收系统，加强质量管理的基础性工作。

⑧ 大力加强图纸会审、图纸深化设计、详图设计和综合配套图的设计与审核工作，通过确保设计图纸的质量来保证工程质量。

⑨ 严把材料关（包括原材料、成品和半成品）、设备的出厂质量和进场质量关。

⑩ 确保检验、试验和验收与工程同步，工程资料与工程进度同步，竣工资料与竣工同步，用户手册与工程竣工同步。

⑪ 工程质量管理保证体系。企业的项目管理模式按照 GB/T 19000 及 ISO 9000:2000 模式标准建立有效的质量保证体系，并制定项目质量计划，推行 ISO 9000 国际质量管理和质量保证标准，以合同为制约，强化质量的过程与程序管理、控制。项目经理部推行专业责任工程师负责制，在施工过程中对工程质量进行全面的管理和控制；使质量保证体系延伸到各专业承包商、企业各专业作业队，项目质量目标通过对各专业承包商、内部各专业作业队严谨的管理予以实现。通过明确分工，密切协调和配合，使工程质量得到有效的控制。质量管理保证体系框图如图 7-3 所示。

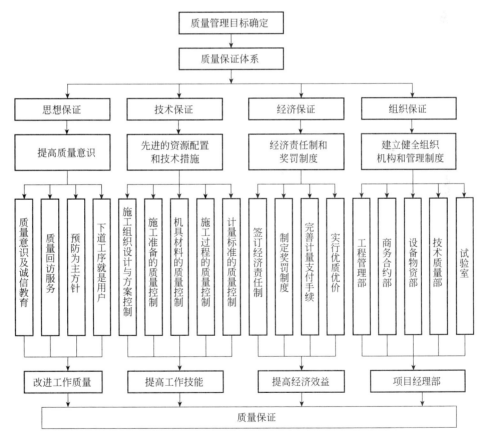

图 7-3　质量管理保证体系框图

⑫ 实行质量岗位责任制。创建精品工程领导小组岗位责任，领导小组岗位责任表见表 7-2。

表 7-2 领导小组岗位责任表

序号	分工	姓名	职务	工作任务
1	组长		项目经理	负责质量定职定岗，形成工程创优管理班子
2	副组长		项目副经理	组织实施施工方案技术措施，组织过程监控
3	副组长		技术总工程师	组织方案优化，协调各个施工方案的统一，验证方案的实施效果，参与和领导QC小组活动
4	组员		木工工长	按分工组织各分项工程施工，对分项质量把关，执行质量预防措施和纠正措施，建立施工记录，进行技术交底，组织隐检预检
5	组员		混凝土工长	
6	组员		钢筋工长	
7	组员		安装工长	
8	组员		瓦工工长	
9	组员		测量员	对测量成果负责
10	组员		质检员	负责材料半成品质量验收，过程产品质量监控、验收、组织三检，评定记录
11	组员		材料员	对原材料、构配件质量把关
12	组员		资料员	对技术数据把关，归类整编
13	组员		试验员	负责原材料、过程产品的试验，保证试验数据真实、有效

由领导小组组织开展质量体系的各项工作，确立项目质量目标，组织编制实施性施工组织设计。贯彻执行国家方针、政策、法规，坚持全面质量管理，推进各项质量活动有序开展，确保产品质量稳定提高，满足顾客需要，不断争创名牌工程。负责对工程项目进行资源合理配置，保证质量体系在工程项目上的有效运行。

⑬ 机构设立和项目经理部岗位责任制。建立由项目经理领导，总工程师策划、组织实施，现场经理和商务经理中间控制，区域和专业责任工程师检查监督的管理系统，形成项目经理部、各专业承包商、专业作业队和施工作业班组的质量管理网络。项目管理组织机构的质量责任制如下。

a. 项目经理。项目经理代表企业实施施工项目管理，贯彻执行国家法律、法规、方针、政策和强制性标准，执行企业的管理制度，维护企业的合法权益，对工程项目施工的全过程负责。对进入现场的生产要素进行优化配置和动态管理，对工程进度、质量、安全和施工成本负直接责任。负责组织并完成公司下达的各项生产和经济技术指标。负责建立质量管理体系和安全管理体系，确定项目经理部内部职能分工，制定工地的岗位责任制。组织实施公司的质量体系文件，落实质量奖罚实施细则。实施质量否决权，组织工程质量的定期检查、评议、整改及分部分项工程的质量评定。接受上级部门的质量检查。对提出的质量问题及时整改，并安排做好记录。负责协调和监督下属各职能部门的工作，定期向业主、监理和公司汇报本工程的施工质量、进度、安全、文明施工及经济效益等方面的情况，将业主、监理和公司的要求及时通知到下属职能部门，并监督其实施。

组织各职能部门对施工人员进行质量意识、安全知识以及现场文明施工的教育工作，广泛听取各职能部门的意见，将各项工作落到实处。

负责制订各级管理人员的职责和权限，建立健全岗位责任制和项目管理的各项管理制度；贯彻按劳分配的原则，正确处理国家、集体和个人三方的利益，改善劳动条件、丰富职工生活，抓好"两个文明建设"，培养企业精神和职业道德。负责组织工程竣工验收、缺陷维修、质量回访、竣工资料编制等工作，对项目的技术、质量、安全、工程效益以及工程中"四新"的应用进行总结和推广。

b. 总工程师质量管理责任职责。在项目经理的领导下，对本项目工程质量负全面技术责任。

负责组织对工程项目施工方案、施工组织设计及质量计划进行编制及实施，对不合格品及其纠正、预防措施进行审核。解决工程质量中有关技术难题，并协助项目经理解决工程质量中的关键技术和重大技术难题，督促检查各项质量规划的实施。

对本项目的工程质量、施工技术、"四新"技术应用负全面责任，指导下属各部门、各施工队技术人员有效地行使职责，对项目经理负责。主持本项目的质量策划和施工组织，负责"工程项目质量计划"和"施工组织设计"的编制、修改和实施。协助项目经理搞好内部质量审核。

领导下属职能部门进行设计文件会审，对设计意图、技术途径以及适用的标准、规范进行指导，并进行实施性工作。

主持施工中各项技术文件及资料的编制审定工作，组织质量负责人开展QC小组活动，参加上级组织的质检评定和事故处理会议；协助项目经理召开工程质量、安全、文明施工以及贯标等各项会议，传达上级指示精神，并协助项目经理付诸实施。

对工程特殊要求的部位，负责制定技术措施并组织技术人员按规范和技术要求实施，解决工序和工序之间的技术衔接问题。指导项目部技术负责人、质量负责人和各施工队技术人员召开技术交底会，分级负责，以书面形式将工程关键部位的设计要求、质量要求以及注意事项逐个向施工队进行交底，直到施工班组。

负责审批"施工组织设计"和工程中急需紧急放行的物资处理工作，对工程中出现不合格中间产品有权发出停止施工并进行处理的决定。参加本项目的竣工验收工作，组织收集、整理和编制竣工资料、主持撰写工程技术总结。

c. 项目副经理质量管理责任职责。对项目经理负责，或受其委托，负责施工生产和质量管理的实施工作；协助项目经理贯彻质量方针、目标，实现质量计划、质量目标。

领导分管业务部门，全面贯彻实施质量管理体系文件，不断提高项目质量管理和质量保障能力。

调配人力、物力，满足施工及质量管理需要，保证按设计和规范施工。

审批项目施工计划，组织协调项目施工生产，对工程进度负责。

协调同顾客、相关方的关系，确保合同的履行。

受项目经理委托，负责贯标工作，组织内审报告、纠正措施和质量整改措施的实施。

d. 技术质量部职责。负责生产计划的制定和检查、落实工作。负责按基本建设程序和施工程序合理组织施工，确保安全生产。编制年、季、月施工生产计划，并检查、考核计划完成情况。负责编制委托加工厂生产制作的各类成品、半成品订货计划。参加对技术含量较高的成品、半成品加工单位的咨询、考查及合同的洽谈工作。负责组织有关人员，对工程分承包和劳务分包企业考查及评选工作。负责质量目标的制定和分解，积极推动质量目标的实施。负责对技术标准、操作规程、工艺做法执行情况的检查工作。负责标准、规范、图集等技术文件和资料的整理、归档工作。对推广应用新材料、新技术、新结构、新工艺实施指导和技术交底。负责组织分部分项工程的质量评定、验收工作及工程竣工验收工作。负责对竣工工程技术资料、质量体系文件资料、竣工图纸的审核，并负责向有关部门移交。

e. 工程部部长质量管理责任职责。参与质量检查和竣工资料的编制，组织实施竣工工程保修和缺陷责任期服务。

贯彻执行国家的技术政策、法规，严格按合同规定的设计文件标准、规范组织施工，检查指导工程队的有关业务。

在总工程师的主持指导下，审查工程项目设计文件，编制工程项目及重难点工程的施工组织设计和相关作业指导书，组织本项目的工程测量。

定期编制施工计划，合理配置生产要素，指导现场管理，搞好文明施工。参加技术交底和有关鉴定会议，提出合理的施工方案，审批呈送办理开工报告。

根据施工需要提供定型图、标准图、合同规定使用的规范，与设计单位联系施工设计文件，协助总工程师进行有关变更设计事宜。

按设计文件的施工计划向物资设备部门提供所需材料设备清单，并督促其按时间数量要求提供产品。

组织有关专业技术人员培训，协助总工程师推广应用"四新"技术，推进科技进步。进行技术文件资料管理。在对下计量时，对施工队所完成工程量进行复核和确认。

做好工程调度工作，定期向调度室汇报工作。

编制竣工文件，编写施工技术总结及重难点工程的专题技术总结。参加工程竣工验收，按规定要求向建设单位及档案室移交竣工文件。

f. 技术质量部部长质量管理责任职责。执行质量管理全部职能。在施工中进行复检，复检结果报总工程师审核，并上报指挥部技术质量部。

系统掌握质量管理方面的各种规章制度、检查评定标准，严格执行本工程各项技术规范、质量管理制度，对工程重大质量措施，按技术要求落到实处。

协助项目经理和总工程师建立完善本工程的质量保证体系，确保该体系在本项目工程中持续有效地运行。

对本项目工程质量实行全面监控，组织实施单位工程的检验与评定，制定纠正和预防措施，主持对工程质量事故的处理工作，对工程质量全面负责。

按质量体系要求，对工程的"检验和实验""不合格产品"的标识和控制、纠正和预防措施、质量记录的控制进行负责并参加内部审核，指导QC小组开展活动。

对下属施工队开展"百年大计，质量第一"的宣传教育工作，负责制定本项目"创优规划及保证措施"，确保本工程质量达到合同规定的要求。

参与工程验收工作，负责撰写工程质量工作总结。

g. 试验室主任质量管理责任职责。负责工程项目的计量测试工作，并负责工程项目的检验，试验设备的核定、校准及使用管理工作。

负责按检验评定标准对施工过程实施监督，并对检验结果负责。

负责现场各种原材料试件和混凝土试件的样品采集和测试、检验及质量记录。根据现场试验资料，提出各种混凝土、砂浆的配合比，土方施工最佳含水量等试验数据，并在施工过程中提出修正意见。

熟悉国家有关工程试验工作的方针、政策和规定，贯彻执行ISO 9002系列质量体系中关于过程控制及检、试验工作的要求和程序。

了解国内外有关工程试验的发展趋势、新技术和新方法。组织选定本工程的检、试验方法及质量标准和技术规范，制定保证检、试验质量和安全的技术措施。

对于工程材料及半成品的取、送样工作，必须做到持证上岗，符合标准及其他技术规范要求。

熟悉试验设备、仪器、工具的技术性能、规格和操作方法。定期对检、试验设备和仪器进行检查、保养，保证其使用时完好，精度符合技术标准要求。

填写试验工作台账和工程日志，参加工程质量检查和工程质量事故的调查分析，对不按技术标准要求使用工程原材料和拌和、浇筑混凝土的施工队，有权责令其停工整改。参与竣工资料的编制和工程技术总结的撰写。

h. 测量队队长质量管理责任职责。在工程技术部领导下工作，负责工程项目的控制测量、施工测量和施工放样工作。测量中实行换手复核制，详细填写测量记录和日志，并对测量结果负责。

熟悉国家测绘政策及法规，系统掌握测绘专业基础理论，熟练掌握市政工程测量技术规则，了解本工程设计内容，熟悉设计图纸。

负责本工程测量资料的接收、复核及控制桩橛的交接工作，并负责对所接受的桩位进行复测。

根据工程进度情况，定期进行控制测量，对施工队相邻施工区段进行贯通测量。

协助下属施工队测量人员对工程复杂地段和容易受外界影响的地段进行控制或者复测，认真做好测量内业资料的计算复核与审核工作。

负责本工程所用测量仪器、器具的使用管理，定期对测量仪器进行校正，保证测量仪器的精度满足设计规定的要求。

参加编制竣工测量文件资料的整理和补充，参加工程项目的竣工验收。

i. 物资设备部质量管理责任职责。负责检验所采购物资设备的质量，并对所采购物资设备的质量负责，负责设备的调配、维修及保养工作。

熟悉国家物资政策及法规，了解与本项目有关材料的市场行情及发展动态，对项目经理负责。

根据施工图纸和施工方案，核定由技术部门提供的材料数量、规格、种类，按月、季、半年或整个工程的工期编制材料用量计划，报项目经理和总工程师批准后按施工进度计划组织实施工作。

对进场的物资进行点验，并通知实验人员对进场材料进行取样实验，对急需紧急放行的材料，必须经项目经理和总工程师批准后方可紧急放行。

贯彻质量管理体系中"产品标识和可追溯性程序"，对进入现场的材料的唯一标识进行识别。

对材料的采购，业主提供产品的控制、检验和试验、搬运、贮存、包装、防护、交付等要素的运行负主要责任。

对经验证或试验合格的物资做出"验收记录",并填写"物资点验单""工程设备验收记录",进行状态标识后,方能入库或投入施工生产,建立健全物资管理台账,定期进行查验和清点。

j. 各主管工程师质量管理责任职责。认真审核施工图纸,熟悉设计文件、合同文件、技术规范、监理办法与规程等项目通用技术资料,复核合同文件中工程量清单及施工图中详细的工程数量。

深入施工现场,指导现场技术工作,严格按照施工技术规范组织现场施工。严把工序质量关,对于重要工序及关键工序,编制作业指导书。

参加质量调查,分析事故原因,提报合理化建议,做好领导参谋,使技术工作在总体安排上具有超前性。

做好施工记录、技术资料填报工作,认真填写施工日记、工程日志,及时进行施工小结、工程总结等技术工作,按时汇总各分项工程的施工原始资料,送交内业主管工程师归档。

负责构造物结构尺寸和位置的复核并协助测量工程师进行现场施工放样,对重要结构物坐标位置亲自进行计算。

k. 质检工程师(员)质量职责。严格按有关标准进行检查和质量控制,对工程施工质量负检查验收的把关责任。

严把材料检验、工序交接、隐蔽工程验收质检关,审查操作者的资格,审查并签署检验批质量验收记录。

深入施工现场,履行监督检查职责,对违反操作规程、技术措施、技术交底、设计图纸等情况立即制止,视情节决定停工或返工,并报质量负责人、行政负责人或越级上报。

参与区域内的工程质量动态分析和事故调查。加强与现场驻地监理的沟通与联系,督促工点技术人员及时提供完整的技术资料,填写隐蔽工程报验单并通知监理人员进行检查和签证。配合现场监理完成隐蔽工程的检查、验收等工作,执行有关指令。

l. 施工队长质量职责。接受项目部质量指令,认真执行项目质量管理制度,对工程施工质量负直接责任。

严格按施工操作规程、作业指导书、技术交底书、施工图和铁路工程施工质量验收标准组织施工。

拒绝使用进场基础资料不完整、未经检验或检验不合格以及超期存放的材料。

坚持施工程序,组织班组自检、互检和交接检查,接受技术、质检人员的检查指导,为检查人员提供相应的条件和数据,对技术和质检人员提出的工程质量问题,按要求组织整改。

带领职工学习工艺技术、施工指南、质量控制要点和相关工程施工验收暂行标准。

如实向项目分部报告施工中出现的质量问题和质量事故,提供真实情况和数据,配合事故调查处理。

落实原材料、半成品和成品保护措施。

m. 工班(组)长质量职责。接受工程队质量指令,认真执行项目质量管理制度,对工序作业过程质量负直接责任。

熟悉工艺流程，掌握工序质量关键控制点和工艺标准，按作业指导书、技术交底书及施工测量放样结果组织施工。对技术交底资料或测量结果有疑问时，及时向技术人员反映。

坚持施工程序，开展班组自检，参加互检和交接检查，上道工序不合格不承接，本道工序不合格不出手。

接受技术、质检人员的检查指导，为检查人员提供相应的条件和数据，对技术和质检人员提出的工程质量问题，按要求整改。

如实向上级报告施工中出现的质量问题和质量事故，提供真实情况和数据，配合事故调查处理。

落实原材料、半成品和成品保护措施。

n. 操作工人岗位质量职责。对工程质量负直接操作责任。

坚持按技术操作规程、技术交底书及图纸要求进行施工。

接受上级领导、技术和质检人员的监督检查，出现质量问题主动报告真实情况。

按规定认真做好自检和必备的标记。

不使用不合格材料，上道工序不合格不承接，本道工序不合格不出手。

接受质量意识教育，参加技术知识学习，熟悉本工种的工艺操作规程，遵守职业道德。

o. 综合办公室质量职责。负责公司有关质量体系文件的收发工作。负责管理行政类文件的发放、回收和存档工作。负责公司行政生产等资料、档案、文件、合同及图书资料的管理工作。负责经有关部门负责人审批后文件资料的修改、回收、更改、调整工作。参加项目部的有关会议，做好会议记录。

p. 安全环保（安保）外联部职责。负责贯彻公司安全环保的方针、目标，宣传上级有关部门安全生产的方针、政策。组织安全教育、安全检查。负责安全文明工地的上报工作。负责有关安全技术措施的审查和审批工作及工程的安全管理。负责大型、异型安全设施、设备的检查验收，协助劳动人事部进行特殊工种的安全技术培训、考核、取证、年审工作。妥善保管有关安全方面的文件和资料。填写安全表格，对安全工作进行跟踪管理。对分包方进行日常管理。

质量管理程序体系框图如图 7-4 所示。

（6）项目部管理制度

① 技术交底与样板制度。为避免不必要的返工和提高工程质量，结合质量管理体系的要求，建立技术交底与样板制度，项目部必须严格执行。

② 质量例会制度。为及时通报工程质量信息，通过奖优罚劣，促进工程质量的提高，项目部建立质量例会制度。

③ 质量检查制度。为及时发现工程施工中的质量隐患，确保工程质量，根据质量体系文件要求，特建立本项目部的质量检查制度。

④ 工序交接及"三检"制度。为保证工程质量，根据《建筑工程施工质量验收统一标准》（GB 50300—2013）和质量体系程序文件要求建立工序交接"三检"制度，项目部和各施工班组必须严格执行。

⑤ 材料检验制度。原材料的好坏直接关系到工程质量，把好材料供应关，做好供方的评审工作，供方合格和材料合格方可采购，并做好验证工作，严格进行检查验收，严禁使用不合格材料，并及时进行退货清场，从源头上消除影响建筑工程的不合格因素。

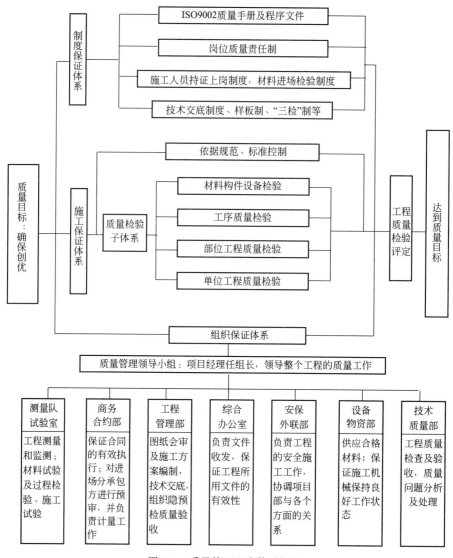

图 7-4 质量管理程序体系框图

⑥ 项目部评比及奖罚制度。项目经理部将项目工资总额的一定比例作为质量、安全奖励基金，由项目质量、安全管理领导小组考核使用。做到职责明确、奖罚分明，充分调动全体员工，提高工程质量，坚持做到奖罚兑现。

⑦ 质量与经济挂钩制度存款。为保证工程质量、实现计划目标，项目部建立一套工程质量管理体系，完善各项管理制度，把各项内容、计划目标作为一项硬指针，与经济利益挂钩。对目标计划未实现的，项目管理人员扣工资总额的一定比例；目标计划实现的，公司给予表彰、经济奖励、晋级等。按照"谁分管，谁负责"的原则，明确任务和目标，分清职责，严格遵循一级抓好一级。

⑧ 挂牌制度。建筑、安装工程施工项目，必须实行挂牌制度，使整个项目成员都了解国家有关方针、政策、法令、法规及公司有关规定制度。了解工程中所使用的机械操作规程，了解工程中所用建筑材料、技术指标参数，以及使用方法和工艺。

（7）创优控制重点　工程应首先贯彻好现有的"质量验收规范"，并在此基础上提高，突出控制要求和统计数据。思想上要有明确的认识，突出创优的思路，突出预控、过程控制，突出过程精品、精品工程与经济效益并重，达到管理的完善性、工程质量的完美性和工程质量资料的完整性。主要应控制好以下几个重点。

① 突出创新、创优、创高。

a.创新：认识上树立创新观念，管理上开拓新思路，技术上开拓新材料、新工艺、新技术。工程在实施过程中，将大力应用住房和城乡建设部推广的"四新技术"，计划应用的主要有：钢筋等强度滚压直螺纹连接技术、新型模板应用技术、全站仪应用技术、总承包管理技术、计算机管理技术。

b.创优：优化工艺，优化控制器具，优化综合工艺，提倡一次成活、一次成优，不断创新质量水平。工程在实施过程中，将采用新型模板，优化模板安装工艺，确保混凝土的成型质量，保证外露混凝土表面达到清水混凝土质量标准。

c.创高：不断提高项目管理人员素质、项目标准水平，提高质量目标，创出高水平操作技艺、高层次管理体系和高等级工程质量。

② 突出管理的针对性。以工程项目为目标，研究提高工程项目管理的标准化程度，不断改进企业标准的规范化水平，提倡制度的完善和责任的落实。

a.突出工序质量控制的研究，编制新工艺和操作规程，不断改进操作工艺，提高操作技能，用操作质量来实现工程质量。

b.突出预控和过程控制，生产控制、合格控制到位，突出过程精品，提倡一次成优、一次成精品，达到精品、效益双控制。工程在实施过程中，将彻底摈弃传统的总包"旁站式"管理，对各专业分包及劳务分包队伍实施"穿透式"管理，将管理触角直接延伸到作业面。通过总包的质量管理体系和项目管理制度，有效推行施工动态管理，实施严格奖罚的现场节点考核制度，对分包队伍施工的质量、进度、安全、环保、文明施工实施全面覆盖，使之按照既定的项目质量计划有序、受控地开展各项生产活动。为了使现场施工质量一直处于监控状态，项目部将建立"现场责任师制"，使过程质量与现场岗位高度统一，建立可追溯性的质量管理责任体系。

c.突出整体质量，达到道道工序是精品，每个工序的环节、过程都是精品，用过程精品来保证整个工程是精品。

③ 突出质量目标的不断提高。创优是一个不断提高企业和项目管理水平、技术素质的过程，管理水平、技术素质和优质工程是互相促进又互相依托、密不可分的。

a.不断改进管理，不断完善质量管理，使制度、措施齐全，落实、检查及时，不断总结改进。

b.不断提高技术素质，使工程技术人员理论和实践结合；突出企业特点优势；不断完善企业标准水平，并不断筛选优化组合，形成综合工艺，提高企业实用技术水平。操作人员要培训考核，强化应知应会程度，形成一批高级的操作人员，提高操作技术，提高企业技术素质。

工程在实施过程中，将采取"走出去"和"请进来"两种方式加强项目管理人员和一线操作人员的培训，提高他们的创优意识、技术能力和管理水平。"走出去"就是组织项目管理人员赴公司其他创优的项目工地参观、学习。"请进来"就是请相关专家到项目上讲课。

同时项目部还将加强内部培训。组织学习施工图纸、施工规范和行业标准、项目质量验收标准、施工组织设计、施工方案、创优计划等技术和管理文件。项目经理部主要培训项目质量计划、施工组织设计、项目创优计划、鲁班奖评比标准与施工技术规范和工艺标准等；分包队伍主要培训鲁班奖评比标准、施工节点控制图集、施工组织设计、施工技术规范和工艺标准以及专项施工方案等。

c. 质量目标不断更新，质量提高是无止境的。结构更加安全、更加可靠，使用功能更有效、更方便，装饰更协调、更美观，创建出高质量的完美建筑物。

（8）质量控制要点

① 结构安全可靠要从四个方面做好控制。

a. 强度的控制。包括使用材料、构配件、设备的质量合格，施工过程的材料要保持其质量水平和使用正确，从而满足工程的总体强度要求。

b. 刚度和稳定性。完善结构的平面及空间体系，保证结构整体稳定。

c. 水平和竖向位置（轴线、标高、垂直度）控制，使结构的位置正确，合理受力和传递使用力，并使使用空间及尺寸得到保证，从而保证使用功能。

d. 几何尺寸（断面尺寸、平整、方正）。保证构件断面尺寸正确、表面平整、使用空间的方正，既使结构强度及自重得到有效控制又为控制装修创造良好条件。

② 装饰的完美性要从四个方面来控制。

a. 完善装饰装修设计，进行多方案比较，除了安全外，应从尺度、对称、对比、色差、环境等方面，优化设计方案，提高装饰的完整性、协调性。

b. 采购选择合格的、环保的装饰材料，严格进场检验。使用前进行挑选，充分发挥材料的优良性质来提高装饰效果。

c. 改进和完善装饰工程的足尺大样和样板工程的工作，达到体现和完善设计的意图及效果。

d. 注意装饰的收尾整理和成品保护，使工程达到安全适用、美观、实用的目标，交给用户一个完美的工程。

③ 安装的安全适用要从四个方面来控制。

a. 设备管道安装位置、标高正确，固定牢固可靠。设备管道安装坡度、强度、严密性、朝向正确合理，保证功能、开关方便和使用安全。

b. 接地、防护设施有效，使用安全标识清晰、检修维护方便。在可能的条件下，注意美观协调。

c. 用资料和数据来反映工程质量的水平。包括企业标准化水平及落实应用程度，企业标准的种类、数量、标准的水平程度、标准的覆盖面及完善程度。

d. 强度、位置尺寸控制。强度的平均值，最大最小值及均方差值等反映其水平程度，水平、竖向位置尺寸及主要空间尺寸应控制在规范允许偏差以内。

（9）建立创优机制　建立以"目标管理、创优策划、过程监控、阶段考核、持续改进"为过程的创优机制。施工中将坚持此创优机制，形成以"观念创新、体制创新、机制创新、管理创新、技术创新"的全方位管理活动。争取一次成优，全力确保争创鲁班奖工程。

① 目标管理。目标管理是整个创优活动的开始，根据业主的要求和工程的具体情况以

及特点，来确定工程的总体质量目标和各阶段目标，并围绕目标配备相应的资源。目标一旦确定，就要强调严肃性及投标时确立的质量目标，这就是对业主的承诺，要不折不扣地兑现并对质量方针负责。

② 创优策划。目标确立后如何实现，是创优策划阶段所要解决的问题。为保证质量目标的实现，首先根据工程的特点，将质量目标层层分解，划分为各阶段目标，再根据各阶段目标进行资源配置和责任落实，包括项目经理部和公司总部的责任落实。

在工程中标后，分阶段编制质量计划是公司项目质量管理的特色。在工程前期许多图纸还未到达，针对这种情况，根据工程的具体情况将质量计划分为结构施工阶段、装饰施工阶段来制定和实施。

③ 组织保证。为了确保工程创优目标能够实现，公司将在该项目成立创优领导小组。创优领导小组由总部总策划，组长由项目经理担任，项目总工程师担任副组长，主要成员由生产经理及责任工程师负责，并有明确的职责和工作内容划分。其中组长负责工程创优工作的整体部署及协调工作；副组长负责组织工程创优策划，指导创优工作的实施，对工程创优工作进行监督、总结。

④ 过程监控。通过过程监控来保证精品工程目标在实施过程中不发生偏差，或在发生局部偏差时能得以有效地纠正。过程考核形式主要有结构验收、工程预验、季度考核、随机抽查等形式。

以季度过程质量控制考核为例，成立过程质量控制考核小组，由项目总工任组长，质量工程师任副组长，成员由有关技术人员组成。考核内容包括土建、装饰和安装各阶段实体质量情况，分包队伍情况，质量体系运行情况，资料情况等。过程质量控制考核每季度进行一次，考核成绩现场打分，由项目经理签字认可，并做简短讲评，下发整改通知。

⑤ 阶段考核。阶段考核分为基础工程阶段、地上结构工程阶段和竣工阶段的考核，主要考核各阶段目标的完成情况。考核主要依据项目质量目标、制造成本目标、项目创优计划、项目质量计划、质量责任制的落实情况以及资金回收指标等。

阶段考核的主要目的是推动项目整体管理水平的提高，同时更大限度地激发项目全体管理人员的工作责任心与积极性，为此公司应专门制定"工程项目管理责任目标考核与奖惩办法"。此办法应在总结多年项目方针目标管理经验的基础上，对工程项目管理责任目标考核与奖惩作出具体的规定。

（10）建立质量管理制度

① 会诊制度。根据创优的经验，各分项工程层层交底、层层落实、记录完整，做到"凡事有章可循、凡事有人负责、凡事有人监督、凡事有据可查"，对每一重要分项工程都编制了管理流程，以过程精品保证最终质量目标的实现。同时将采用"会诊制度"与"奖惩制度"相结合的方式彻底解决施工中出现的问题。

② 样板引路制度。施工操作注重工序的优化、工艺的改进和工序的标准操作，在每项工作开始之前，首先进行样板施工，在样板施工中严格执行既定的施工方案，在样板施工过程中跟踪检查方案的执行情况，考核其是否具有可操作性及针对性，对照成品质量，总结既定施工方案的应用效果，并根据实施情况、施工图纸、实际条件（包括现场条件、操作队伍的素质、质量目标、工期进度等），预见施工中将要发生的问题，完善施工方案。

③ 工序挂牌施工制度。工序样板验收在各工序全面开始之前进行，配备的队伍技术和

质量员必须根据规范规定、评定标准、工艺要求等,将项目质量控制标准写在牌子上,并注明施工负责人、班组、日期。牌子要挂在施工醒目部位,有利于每一名操作工人掌握和理解所施工项目的标准,也便于管理者的监督检查。

④ 过程三检制度。实行并坚持自检、互检、交接检制度,自检要做文字记录,预检及隐蔽工程检查要做好齐全的隐预检文字记录。

⑤ 质量否决制度。对不合格的分项、分部工程必须返工至合格,执行质量否决权制度,对不合格工序流入下一道工序造成的损失应追究相关者责任。

⑥ 质量奖罚制度。根据本工程的特点和项目质量控制重点,项目制定"工程质量奖惩管理条例",加强项目管理人员和广大施工人员的创优意识,提高他们的积极性,推动创优工作上一个新台阶。

⑦ 成品保护制度。分阶段分专业制定专项成品保护措施,设专人负责成品保护工作。

管理者合理安排工序,上、下工序之间做好交接工作和相应记录,下道工序应避免对上道工序的破坏和污染。

采取"护、包、盖、封"的保护措施,对成品和半成品进行防护和专人负责巡视检查,发现有保护措施损坏时要及时恢复。

⑧ 工程质量等级评定、核定制度。各工序及最终工程质量均需进行评定和质量等级核定,分部工程由公司质保部核定,单位工程由质量监督站核定,未经核定或不合格者不得交工。

⑨ 培训上岗制度。工程项目所有管理人员及操作人员除必须经过业务知识技能培训外,还将邀请北京市建筑长城杯和鲁班奖的评审专家对结构长城杯、竣工金质长城杯、鲁班奖的有关评审标准及申报要求进行讲解,组织项目管理人员和分包到公司其他已通过结构长城杯或建筑长城杯或鲁班奖的工地进行观摩学习。

对于特殊工种,按当地要求,除必须持证上岗外,还将针对本工程的实际情况进行培训,达到项目的要求才可以上岗操作。

⑩ 竣工后服务承诺。按公司相关要求,做好竣工后的服务工作,定期回访用户,并按有关规定实行工程保修服务。

(11)加大项目创优投入 为项目设立专项创优奖励基金,加大对项目经理部的奖励力度,作为对项目经理部全体员工的鼓励。通过奖励机制,使该项目的创精品工程活动不断向前发展。

① 配备强有力的创优项目经理部。配备强有力的领导班子要求:项目经理具有很强的综合管理能力;技术负责人及专业工程师具有丰富的工程创优经验与水平,并且技术负责人及专业工程师非常熟悉本专业的规范、质量标准,拥有丰富的本专业质量通病预控及处理的经验。

项目经理部有强烈的精品意识,有严格苛求的工作作风和严密的质量体系,保持质量处于受控状态。

② 制定工程创鲁班奖质量标准。鲁班奖质量水平是国内一流的,必须采用高标准,也就是要采用高于国家标准、行业标准和地方标准的企业标准。

将在现行《建筑工程施工质量验收统一标准》(GB 50300—2013)、本省市及企业标准基础上并结合本工程特点制定"项目创'鲁班奖'质量验收标准",该标准将高于上述质量标准。

③ 编制施工节点质量控制图集。针对工程设计新颖，专业复杂，采用的新技术、新工艺、新材料较多的特点，项目部将根据工程施工组织设计和工程创优计划，编制工程施工节点质量控制图集，将有关重点、难点部位绘制节点大样图，详细表述细部做法、质量控制措施。

④ 过程精品，一次成优。在创优中，必须对建造的全过程事先策划，编制科学的、有针对性的施工方案与创优措施，同时做好过程控制，严格检验。在施工过程中，加强技术交底和培训，严格按施工方案施工，加强质量监督检查，以达到过程精品，一次成优。

⑤ 落实创优制度和措施。明确创优分工、职责、管理措施、交底制度、检查制度、样板引路、阶段考核和奖罚措施等，并在施工过程中落实。

⑥ 做好音像资料收集工作。如每个拟申报鲁班奖的工程需提供 5 分钟的录像带（或光盘），很多工程在施工过程中没有注意拍摄和收集有价值的音像资料，不能反映工程的施工全过程。因此在工程施工过程中，需安排专人负责拍摄和收集音像资料。

a. 图像清晰，说话清楚，音乐轻盈舒服。

b. 对本工程质量的亮点、施工的难度要通过画面和解说词反映出来，录像要表达出施工质量好，在国内外的水平是领先的。

c. 录像内容要全面，如可将质量过程控制、推广应用新技术等全部反映出来。

⑦ 注重资料的完整收集。项目设专职土建和机电资料工程师各一名，根据鲁班奖及地方标准要求来收集完整的施工内业资料，确保工程资料的完整性。

⑧ 积极推广应用新技术。创优要消除质量通病和攻克技术难关，工程普遍推广应用了新技术可作为一个申报条件。

（12）施工过程管理　过程精品，一次成优是创鲁班奖工程重点控制之一。所以确保施工过程始终处于受控状态，是保证本工程质量目标的关键。施工时按规范、规程施工，加强预先控制、过程控制、样板开路。

施工过程分为一般过程和特殊过程，本工程的地下室防水、地下室抗渗混凝土施工工程属于特殊过程，其余分项工程属于一般过程。

① 特殊过程施工。依据"施工控制程序 – 质量"规定，工程地下室防水为特殊过程，即采用自防水混凝土和两道卷材防水，须按特殊过程进行施工控制。

防水卷材施工前，由责任工程师依据已获批准的防水施工方案对专业分包进行技术交底，并检查技术交底的执行情况。所用防水材料必须具有产品合格证、检测报告、市建委颁发备案表、复试报告及与监理见证取样试验报告。

责任工程师及质量工程师负责对操作者上岗证、施工设备、防水资质、作业环境及安全防护措施进行检查，并由现场经理对首件产品进行鉴定，填写"特殊过程预先鉴定记录"，只有在预先鉴定通过后才能进行大面积施工。

施工过程中注意控制卷材的搭接长度、基层清理情况、与基层粘接情况、成品保护情况等方面内容。责任工程师负施工过程的连续监控并做好记录，填写"特殊过程连续监控记录"。

② 地下室抗渗混凝土自防水施工。首先项目要针对商品混凝土搅拌站所用材料进行控制，水泥必须有市建委颁发的备案证明、出厂合格证和现场复试报告，砂、石原材料必须持有复试报告，不合格材料不得用于工程。

施工前由责任工程师依据已获批准的抗渗混凝土施工方案对施工班组进行技术交底，并检查技术交底执行情况。

项目主管责任工程师在上道工序验收合格后填写混凝土浇筑申请书，项目总工程师负责批准此申请。主管责任工程师及质量工程师负责对操作者上岗证、施工设备、作业环境及安全防护措施进行检查，并由现场经理组织混凝土开盘鉴定并填写"特殊过程预先鉴定记录"，只有在预先鉴定通过后才能进行大面积施工。

责任工程师负责施工过程的连续监控并做好记录，填写"特殊过程连续监控记录"。

③ 一般过程施工。

a. 技术交底：施工前，主管责任工程师向作业班组或专业分包商进行交底，并填写技术交底记录。

b. 设计变更、工程洽商：由设计单位、建设单位及施工单位汇签后生效。

c. 施工环境：施工前和过程中的施工作业环境及安全管理，由项目组织按公司"环境管理手册"及"文明施工管理办法"的规定执行并做好记录。

d. 施工机械：

（a）项目责任工程师负责对进场设备组织验收，并填写保存验收记录，建立项目设备台账。

（b）项目责任工程师负责编制施工机械设备保养计划，并负责组织实施。

（c）物资中心定期组织对项目机械设备运行状态进行检查。

e. 测量、检验和试验设备：施工过程中使用的测量、检验和试验设备，按"监视和测量装置的控制程序"进行控制。

f. 隐蔽工程验收：在班组自检合格后，由主管责任工程师组织复检，质量工程师和作业人员或专业分包商参加，复检合格后报请监理（业主、设计院）进行最终验收，验收签字合格后方可进行下道工序施工。

一般过程施工分为一般工序和关键工序，工程初步确定测量放线分项工程、钢筋分项工程、模板分项工程、混凝土分项工程、屋面防水、卫生间防水、幕墙工程等为关键工序，关键工序将编制专项施工技术方案。各主要分项工程控制要点如表7-3所示。

表7-3 主要分项工程控制要点说明表

工序名称	控制要点	备注
测量放线	由公司测量工程师负责完成，项目质量检查员负责检查，测量工程师办理报验手续。根据业主和规划局测量大队移交的控制线的高程控制点，建立本工程测量控制网，重点是墙体、柱的轴线、层高及垂直度、楼板标高、平整度及预留洞口尺寸和位置	
钢筋工程	由钢筋专业工程师负责组织施工，质量检查员负责检查并向监理办理隐蔽验收。控制钢筋的原材质量，钢筋必须有出厂合格证且现场复试合格，严格控制钢筋的下料尺寸、钢筋绑扎间距、搭接长度、锚固长度、绑扎顺序、保护层厚度、楼板钢筋的有效高度。钢筋接头操作、重点控制套丝长度等，按规范要求进行接头取样试验	梁柱节点处钢筋较密，在绑扎前应进行放大样以保证绑扎质量
模板工程	模板将根据图纸进行专门设计，重点控制模板的刚度、强度及平整度，梁柱接头、电梯井将设计专门模板，施工重点控制安装位置、垂直度、模板拼缝、起拱高度、脱模剂使用、支撑固定性等	

续表

工序名称	控制要点	备注
混凝土工程	振捣部位及时间、混凝土倾落高度、养护、试块的制作、施工缝处混凝土的处理、混凝土试块的留置、强度试验报告及强度统计等	
回填土工程	回填土优先采用基坑挖土，土质及其含水率必须符合有关规定，灰土的配合比准确；回填前，灰土用土必须过筛，其料径不大于15mm，石灰使用前充分熟化，其料径不大于5mm；控制回填厚度，每层虚填厚度不大于250mm，夯实遍数不少于三遍；按规定进行取样试验。质量检查员负责过程检查及试验结果检查	
砌筑工程	砌块必须有材质合格证的复试报告，砌筑砂浆用水泥必须有准用证、合格证和复试报告，砂浆施工配合比由市质检站试验室确定，现场严格按配合比组织施工，重点控制砌体的垂直度、平整度、灰缝厚度、砂浆饱满度、洞口位置、洞口方正等	
抹灰工程	严把原材料质量关，抹灰用材料必须按规定进行试验，合格后方可使用；严格控制砂浆的配合比、抹灰基层的清理、抹灰的厚度、平整度、阴阳角的方正及养护等	
屋面防水及卫生间防水	所用材料必须在市建委备案、具有出厂合格证及现场复试报告，重点控制基层含水率、基层质量（不得空鼓、开裂和起砂）、基层清理、突出地面附加层施工，卫生间及屋面必须做蓄水试验	
油漆喷涂	控制基层清理，基层刮腻子的平整度，油漆/涂料的品种、材质、滚喷刷的均匀程度及厚度、表面光洁度	
外墙幕墙	控制墙体放线、控制连接件的材质及预埋位置，材料试验报告及固定情况，黏结剂的材质及试验报告，确保墙体的封闭、平整度和牢固度	
给水管道安装	管材品种、规格尺寸必须符合要求。螺纹连接处，螺纹清洁规整，无断丝。钢管焊接焊口平直，焊波均匀一致，焊缝表面无结瘤、夹渣和气孔	
金属风管制作	风管咬缝必须紧密，宽度均匀，无孔洞、半咬口和胀裂缺陷。风管加固应牢固可靠、整齐，间距适宜，均匀对称	
风管保温	保温材料的材质、规格及防火性能必须符合设计和防火要求。风管与空调设备的接头处以及产生凝结水的部位，必须保温良好、严密、无缝隙。保温应包扎牢固，表面平整一致	
照明器具及配电箱安装	器具安装牢固、端正、位置正确，接地（零）可靠，不能损坏吊顶或墙面，注意成品保护	

（13）物资采购与管理　物资的质量对工程质量有直接影响，项目将严格按照公司的物资管理程序要求，严把材料（包括原材料、成品和半成品）、设备的出厂质量和进场质量关，做好分供方的选择，物资的验证，物资检验，物资的标识，物资的保管、发放和投用，不合格品的处理等环节的控制工作，确保投用到工程的所有物资均符合规定要求。

① 采购方式。本工程物资准备包含两方面内容，一部分指为搭设正常施工服务的生产和生活设施所需的物资，另一部分是指投入到施工生产的各项材料物资。物资准备工作要针对两种对象，做到区别对待，真正解决施工现场的物资供应问题，为此，做好如下准备。

a. 对现场临时设施所需的各种材料,如办公设备、工具用房、生产用房、临时用电配电箱、电缆、水管等,根据投标施工组织设计中的临建搭设量,拟出一份临建搭设材料进场计划,提交给公司的物资生产基地,由该基地筹备组织相应材料,保证所需临建材料种类及数量在投标阶段一直处于闲置状态。另外,在本次投标施工组织设计中选用的大中型机械设备,均是由该物资基地提供的企业目前自有闲置机械设备中选定的。若公司中标,将根据被批准后的施工组织设计把大中型施工机械准时运至现场并安装好,以保证施工正常进行。

b. 对于工程本身所需的各种工程材料,将在公司强大的物资采购平台架构上结合当地供应情况,首先通过预算部门精准地估算工程材料用量,然后由材料部门会同技术计划部门一道提出详细的物资采购计划,根据现场进度情况组织各种材料物资进场。

② 物资计划。

a. 物资申请计划。项目技术负责人负责编制物资申请计划,由项目经理进行审批。对于由公司统一采购的物资,计划提交给采购中心;对于由项目采购的物资,计划提交项目采购人员。

物资申请计划作为制定采购计划和向供应商订货的依据,应注明产品的名称、规格型号、单位、数量、主要技术要求(含质量)、进场日期、提交样品时间等。对物资的包装、运输等方面有特殊要求时,也应在物资申请计划中注明。

b. 物资采购计划。采购中心或项目的采购人员应根据物资申请计划和采购方案,编制物资采购计划报采购中心经理或项目商务经理审批。物资采购计划中应确定采购方式、采购人员、候选供应商名单和采购时间等。

c. 供应商的来源。

(a) 从"合格供应商名单"中选择,并优先考虑能提供安全、环保产品的供应商。

(b) 其他供应商(只有当合格物资供应商名册中的供应商不能满足工程要求时,才能从名册之外挑选其他候选者)。

(c) 业主指定的供应商。当对候选供应商名单进行调整时,应得到原批准人员的批准。物资采购计划中,应根据物资采购的技术复杂程度、市场竞争情况、采购金额以及数量大小确定采购方式,常用的采购方式有招标采购、邀请报价采购和零星采购。

d. 供应商资格预审。

(a) 招标采购供应商和邀请报价采购供应商均应优先在公司合格供应商名录当中选择。

(b) 如果参与投标的供应商或拟邀请的供应商不在公司合格供应商名录当中,则应由采购主体负责进行供应商资格预审。

(c) 采购人员负责向供应商发放供应商资格预审表,并核查供应商填写的供应商资格预审表及提供的相关资料,确认供应商是否具备符合要求的资质能力。

(d) 对经销商进行资格预审时,经销商除按照资格预审表要求提供自身有关资料外,还应提供生产厂商的相关资料。

(e) 合格供应商名单内的或本年度已进行过一次采购的供应商,可不必再进行资格预审,但当供应商提供物资的种类发生变化时,则应要求供应商补充相关的资料。

(f) 进入供应商选择表的供应商均应资审合格。

e. 采购程序。材料采购程序图见图7-5。

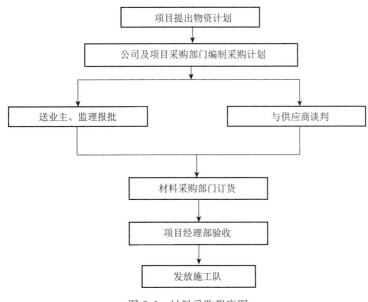

图 7-5　材料采购程序图

f. 材料标识。

（a）入库验收。采购员在向供应商订货时，应明确要求供应商提供的材料有发货单据、材质证明及合格证，对材料的名称、规格、型号等标识清楚。材料到货后，由采购员和保管员办理入库验收手续，保管员要认真做好进货验收记录，并对质量保证文件进行归档。

（b）标识使用。验收入库的材料均应分类码放，并贴上标签标明材料的名称、规格、型号等。

露天堆放的材料应按照类别、品种、规格分别堆放，并用标牌标注其名称、规格、型号等。金属材料的标牌应标出钢号或牌号、规格、生产厂等。

对时效性较强的水泥、附加剂、掺合料等材料要按照不同品种、标号、出厂进场的时间按区域分别堆放码齐，标牌明显，防止混用、错用。水泥标牌应标明生产厂家、水泥品种、标号、出厂日期等。

现场加工好的钢筋半成品应按不同的结构编号配套分别堆放，并用标牌绑扎在钢筋半成品上，标牌应标明钢筋简图、直径、下料长度等。

混凝土预制构件，应按不同型号规格分别堆放码齐，并在构件的显著部位直接书写代号、规格、型号等。

现场库房内及露天堆料场均应划出待验区及不合格区，并挂上标牌，防止未验收材料或不合格品在作出适当处置前投入使用。

（c）标牌制作。标牌按本公司材料管理规定的统一格式制作，统一格式为：

标牌大小：采用 A3 大小（420mm×297mm）；

内容：包括材料名称、规格、数量；

颜色：底色为白色，字为红色。

（d）其他。材料从验收入库、发放到最终使用应具有唯一性标识，且标牌应清晰，牢固耐久。

在多处存放、加工使用、分批发放及有退库材料等情况发生时，应做好标识的移植并作记录，确保材料在需要追回或进行检验时能够进行识别。

g. 材料验证管理办法。

（a）材料验证原则。项目材料员及仓库保管员在材料验证工作中应做到准确、及时、认真，并对验证工作承担全面责任。在验证工作中把好"三关"，即：质量关、数量关、单据关。坚持"五不验证"，即：没有采购计划不验证；资料手续不全不验证；名称、规格、型号不符不验证；数量不对不验证；质量不合格不验证。

（b）材料验证依据。质量符合工程规定的标准、规范或合同要求；数量、规格型号符合材料采购合同或材料采购计划的相应要求。

（c）材料验证工作内容。项目材料员及仓库保管员应亲自进行材料验证工作。在材料的数量、质量验证过程中，对于有明确验证技术要求的，按要求进行验证。对于没有明确验证要求且符合下列条件者，可以采取抽查的方法，抽查的比例一般为5%～10%，抽查中发现不符合规范要求或有问题时应扩大抽查范围或全部重新检验：

与供应商协作关系较稳定、证件齐全、包装完整者；包装严密、打开原包装容易损坏原材料质量或不易恢复外包装原状者；数量大而件数多、包装完整无疑者；以理论换算的材料其规格整齐划一等。

进口材料数量验证，一般要求全部检验，工作要细，时间要快，不误索赔期；但对于规格整齐划一、包装完整者也可抽验10%～20%；进口材料质量验证应按施工期间有关规定请国家商检局出具商检证明，出现质量问题时据此向供货商提出索赔。

对于现场大宗材料和地材的数量验证，应以实际验证数量为准，每车都必须点数或检尺，并按理论换算方法进行计量换算，作为实际验证数量。

（d）验证中发现问题时的处理方法。入库或进场材料的外观质量有问题时，应单独堆放，做好标识并及时通知供应商或有关部门取样检验，进行处理。

对质量保证文件（如产品合格证等）不齐全者，应做待验材料处理，单独堆放保管，并做好标识，待其齐全后再进行验证。

当材料的规格、质量、包装部分等不符合要求时，先验证合格品，不合格品则单独堆放，妥善保管，不得动用，由采购人员和供应商联系后解决。

在验证过程中，保管员或项目材料员要认真做好验证记录，以备查用，对于验证中发现的问题及时报告有关领导。

材料经验证合格后，才能办理入库手续，对未验证或验证不合格的材料不得入库，应另行堆放并作好标记，等待处理。

（e）材料复验。当材料有以下情况之一时，项目材料员或仓库保管员应与专业工程师联系填写复验委托单，并配合试验机构对材料进行复验：

无质量保证文件或文件不完全的材料；对供应商所提供的质量保证文件的正确性有怀疑时；发现供应商所提供的质量保证文件与所到货的材料不相符时；当其为重要工程材料，必须经复验并取得合格结果才可使用时；当设计、有关技术规范、标准明确规定必须对某些性能指标复验时。

材料复验的取样必须有代表性，即所采样品能代表该批材料的质量。不同的材料应按不同的取样单位、取样数量、取样部位、取样方法进行。对重要构件和非匀质材料可酌情增加采样数量，尚无取样标准的材料，可按以上要求酌定办法。

将需复验材料的试样送项目部指定的试验室，试验报告由项目专业工程师归入工程档案；必要时，对重要的构件按规定及合同或设计要求进行荷载试验。

对需复验的材料，保管员或材料员要在见到复验报告后方能发料或使用。

对经复验判定为不合格的材料，将其标为"不合格品"，另行堆放，其处理包括：向供应商退货，要求其履行有关合同义务；经设计部门同意并办理有关手续后让步接收或降级使用。

（f）材料质量保证文件的管理。应按工程规范的规定，要求供应商提供完整有效的质量保证文件，如质量保证证书、产品合格证、产品试验报告等。

材料质量保证文件应有足够的份数，份数可在材料供货合同中规定。所有为本项目提供的材料，均需配套提供质量保证文件。

h. 材料贮存管理办法。

（a）材料验收。

验收准备：材料员每月应向仓库保管员发出一份材料采购计划和大宗材料订货合同，材料到货前，材料员通知仓库保管员准备好存放地点、遮垫材料、搬运、装卸、检验用的设备和工具，对易燃、易爆、易损、易冻、有腐蚀性等特殊材料要有防护措施。

核对凭证：材料到货后，材料员应核对订货合同、发票、运单、装箱单、发货明细表、质量证明书或产品合格证等，并将资料交给仓库保管员作为入库检验凭证。

入库检验：仓库保管员按合同规定的交货方法对材料进行入库验收（方法有计量、检尺、检斤、求积、理论换算或清点数量），并对照供应商所提供的质量保证文件，会同相应专业工程师对所购材料进行验证，其包括质量标识、规格、型号、外观质量、包装等。

不合格品处理：当质量不合格、规格或包装不合要求时，应对其作出标识、单独存放并做好记录，由材料员与供应商交涉退赔。在交涉期间，材料要妥善保管。对数量差，在规定误差范围以内，按实际数量验收；超过误差部分，如实做好记录，报材料部处理，处理前，不得动用。

（b）材料入库。按上述验收程序实施后，材料员将验收单交给仓库保管员，仓库保管员对材料名称、材质、标记、规格、数量以及包装完整情况进行核查，确认无误后，在验收单上签字。根据验收单登账，立卡，建立材料档案。

（c）材料贮存。仓库保管员把供应商提供的质量保证文件资料随同与其对应的材料一同保管，做到"四相符"，即保证所保管材料的账、卡、物及质量保证文件相符。

材料存放布局要合理，实行"四号定位"，即库号（区号）、架号（点号）、层号（排号）和位号定位；按材料种类分库（区）、按材质分架（点）、按规格品种分层（排）分位，并作出明显标记；按照"五、十为伍"原则成堆、成方、成层、成行摆放。

仓库保管员应特别注意加强库存材料的日常维护保养工作，为了材料的安全，降低库存损耗，应采取防雨、防冻、防光、防震、防尘、防腐蚀、防霉变、防老化、防爆、防破损等手段或措施，并对易燃、易爆、有毒的材料专库保管，加强检查，规定禁令。

项目应加强材料现场管理，责任到人，控制现场损耗。每月对现场材料、每半年对仓库材料进行盘点，并编制材料盈亏报表。定期对所贮存材料的质量进行检查，发现有变质、损坏等问题及时书面报告有关领导，并采取有效措施加以防范。

对于有使用期限的材料，材料员应在验收单上说明并提醒仓库保管员，以控制在其失效前使用。过期材料没有取样化验，不能证明其质量的，一律不得发出使用。

对质量标记不清或其标记已经脱落的材料，凡有准确依据的，仓库保管员在核对质量保证文件资料的基础上，重新做好相应标记；对于尽管有依据，但对应性不强的应辅以必要的检验手段，在查明其材质后，重新作出标记。

（d）材料出库。项目应建立限额领料制度，材料使用单位材料员根据材料使用计划表认真填写领用单，写明材料名称、材质、规格、型号、数量，设备要写明图号、箱号、部件号，经有关人员审批，交仓库保管员核发，但设备发放应专项专用，未经设备主管部门同意不准拆套发放。

材料员根据领料单登账（在库存材料台账上削减库存量）。仓库保管员按批准的领料单核发材料。必要的标记移植应在材料发放的同时进行，以确保发出的及剩余的材料上有相应的质量标记。

（e）材料退库。凡是工地节余的材料或较长时间不再使用的材料一般都应办理退库手续。

由项目材料员填写材料退库单，在退库单上标明材料名称、材质、规格、数量、退库原因，连同该材料验收时的质量保证文件的复印件交材料中心，经材料中心有关人员检验、审查、核对材料（包括质量标记）无误并签字确认后，方可办理退库手续。

对于办理退库的属于质量不合格的材料，如无质量标记、质量保证文件不齐全、已严重损坏者，经材料负责人批准，均按不合格品处理。对于通过质量复检手段重新确认并证明是合格的，由相应专业工程师在复验报告上签字确认后，则按合格品处理，办理退库。

（14）工程技术资料管理

① 管理与职责。

工程施工技术资料是工程建设及竣工交付使用的必备条件，也是对工程进行检查验收、管理、使用、维护、改建和扩建的依据。

工程施工技术资料的编制、整理应按相关管理规程和标准执行。技术资料应随施工进度及时整理，按专业系统归类，进行认真填写，做到字迹清楚，项目齐全，记录准确，真实地反映工程的实际情况。

公司设立技术资料档案室，项目经理部设专职技术资料员，并取得市建委颁发的技术资料员培训合格证，技术资料员必须持证上岗，实行总工程师负责制。各级建立健全岗位责任制，落实到责任单位及个人。公司每季、项目经理部每月进行一次检查，技术资料管理的好坏直接与经济挂钩，制定切实可行的奖罚政策，以促进技术资料管理工作。

② 内容与要求。

a. 主要原材料、成品、半成品、构配件出厂质量证明和质量试（检）验报告。材料进场后，及时进行检验，合格后才可以使用。

b. 施工试验记录。施工试验按规定随机取样，试验数据不允许涂改、伪造，保证真实可靠。

c. 要及时、准确、认真地做好施工日记，使施工日记能真实地反映工程的施工情况。

d. 预检记录。

e. 隐蔽工程验收记录。对主要分项工程，如地基、钢筋、防水、焊接等，必须组织由业主（监理）项目专业工程师、质量检查员参加的隐蔽工程验收，并做好记录，签字齐全。

f. 基础、结构验收记录。地下结构工程及主体工程完成后，分别组织由设计院、业主、监理、施工单位等四方参加的结构工程质量验收，填写基础、主体工程验收记录，各方签字后再报市质量监督检查站备案。

g. 设备安装工程记录。

h. 施工组织设计。主要分项工程还要编制施工方案。

i. 技术交底。专业工程师对工长班组进行书面技术、安全交底，并由交底人和接受人签字。

j. 工程质量检验评定。按照现行各专业工程施工质量验收规范执行。

k. 竣工验收资料。单位工程完工后，施工单位要仔细填写质量保证资料检查核对表、单位工程观感质量评定表和单位工程质量评定表，并报市质检站验收核定。工程竣工验收前，施工技术资料按专业、类别、时间顺序整理归档，并编写目录，装订成册，最后由项目总工程师审核签字。工程竣工报验时，首先将技术资料报市质检站审查，合格后才可以对工程进行检查验收。

l. 各类说明书及操作维护手册。每项物资及设备进场后，由公司采购中心及项目物资管理部门将厂商提供的图纸、资料、产品说明书以及各种设备的操作维护手册进行收集整理，并按月向技术部门进行移交，由技术部门按照分部分项工程的类别加以整理，并在工程竣工后装订成册，移交给业主。

m. 设计变更、洽商记录。

n. 竣工图。按照地区编制建筑安装工程竣工档案和资料的具体要求绘制竣工图。

o. 工程影像资料。如每个拟申报鲁班奖工程需提供5分钟的录像带（或光盘），在施工过程中，需派专人负责拍摄和收集音像资料，要求：

（a）图像清晰，说话清楚，音乐轻盈舒服。

（b）对本工程质量的亮点、施工的难度要通过画面和解说词反映出来，录像要表达出质量是好的，在国内外是领先水平的。

（c）录像内容要全面，如可将质量过程控制、推广应用新技术等均能反映出来。

p. 竣工资料。工程竣工验收前，施工技术资料按专业、类别、时间顺序整理归档，并编写目录，装订成册，最后由项目总工程师审核签字。工程竣工报验时，首先将技术资料报市质检站审查，合格后才可以对工程进行检查验收。

q. 各种合格证书及原始资料。各种材料、设备进场后，由物资部门负责收集其合格证书及其他相应的证明设备、材料质量等满足质量要求的原始资料，如焊接、试压、验收资料、设备资料等。按照材料、设备的分类标准分门别类地进行整理，定期移交给技术部门，并由技术部门在竣工后组卷向业主移交。

③ 工程试验管理。

a. 现场试验要求。现场将设置符合规范要求的标准养护室，所有的试验及标准养护设备必须经计量检验合格，并由专人负责。凡规定必须经复验的原材料，必须先委托试验，合格后才能使用。工程主要有钢筋、水泥、砂、防水材料、混凝土外加剂、砌块材料等。

b.试验的主要内容。

（a）原材料试验。

钢筋试验：钢筋混凝土用热轧带肋钢筋、热轧光圆钢筋进场后先试验后使用。每一验收批不大于60t，每批应由同一厂别、同一炉罐号、同一规格、同一交货状态的钢筋组成。每一验收批取样一组试件，拉伸2个，弯曲2个，任选两根钢筋切取，必试项目为拉伸和弯曲试验，其他项目为反向弯曲和化学成分试验。

水泥：以同一水泥厂、同品牌、同强度等级、同一出厂编号，袋装水泥每不大于200t为一验收批，散装水泥每不大于500t为一验收批，每批取样一组12kg，做安定性、凝结时间、强度试验。

砂石：以同一产地、同一规格每不大于400m³或600t为一验收批，每一验收批取样一组20kg，做筛分析、含泥量、泥块含量等规定项目试验。

防水卷材：以同一生产厂、同一品种、同一等级的产品为一验收批，大于1000卷抽5卷，100～499卷抽4卷，100卷以下抽2卷，进行规格尺寸和外观质量检验。在外观质量检验合格的卷材中，任取一卷做物理性能检验。将试样卷材切除距外层卷头2500mm后，顺纵向截取长800mm全幅卷材试样2块，一块做拉力、最大拉力时延伸率、不透水性、柔度、耐热度试验，一块备用。

其他材料按其各自标准分批取样试验，合格后才能使用。

（b）工序试验。

普通混凝土试验：以同一强度等级、同一配合比、同种原材料、每一工作班、每一现浇楼层同一单位工程为一取样单位，标准养护试块不得少于一组（3块），并根据需要制作同条件试块。冬期施工另增加2组试块。

砌筑砂浆试块：以同一砂浆强度等级、同一配合比、同种原材料、每一楼层或250m²砌块为一取样单位，标准养护试块不得少于一组（6块）。

钢筋连接试件：钢筋机械连接以500头为一批，取样试验。

（c）实体检验。根据规范的规定，开工前应与监理及建设单位一起确定同条件养护试件，每个强度等级不少于十组。同条件养护试件将放置在靠近相应结构构件或结构部位的适当位置，并采取相同的养护方法。

④ 施工组织设计、方案及技术交底。

a.施工组织设计管理。为保证施工组织设计、方案有针对性、指导性及可操作性，并符合规范要求和公司管理特点。施工组织设计应由项目经理在技术中心的协助下，由项目总工组织有关人员进行编制。施工组织设计编制完毕、项目会签后，由技术中心审核，事业部副总经理批准。施工组织设计落实执行情况，要做到中间有检查，检查有记录并归档管理。

b.施工方案和技术交底的管理。依据施工进度和施工组织总设计，在分部分项工程正式施工以前，由项目技术组编制分阶段分部分项工程施工方案设计，以便于及时指导施工。施工方案由项目技术负责人审核，经项目经理批准后执行。经项目经理审批后的施工方案分发给分包，在方案的执行过程中相应专业工程师对实施情况进行监控。

公司对分包的技术交底由总包单位责任工程师编制，交底要有针对性、具有可操作性，尤其是要做好新技术、新材料、新工艺的技术交底工作。项目对特殊过程及关键工序由技术组对分包进行技术交底。对于一般分部分项工程可由现场专业工程师对分包进行交底，以便实施有效的过程控制，并将技术交底资料反馈到资料员手中，做好技术交底记录的收集、归档工作。

c.施工方案实施流程。为了保证分项工程的技术方案有针对性、指导性及可操作性，在方案编制过程中，技术方案在遵循施工组织设计的前提下，还应与工程实际相结合，通过样板间施工，调整施工方案，有针对性地调整预控措施，最后进行大面积施工。方案实施流程如图 7-6 所示。

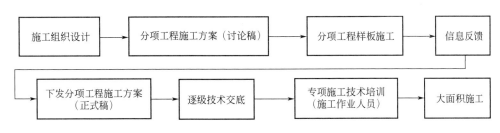

图 7-6　方案实施流程图

（15）成品保护管理措施

① 建立成品保护工作的组织机构。以现场经理及机电安装经理牵头组织并对成品保护工作负全面责任。生产经理负责制定成品保护资金计划的落实。

各专业承包商主要领导负责自身施工范围内的作业面上的成品保护。

项目经理部根据施工组织设计、设计图纸编制成品保护方案，以合同、协议等形式明确各分包对成品的交接和保护责任，确定主要分包单位为主要的成品保护责任单位，项目经理部在各分包单位保护成品工作方面起协调监督作用。

② 现场材料管理措施。由单位统一供应的材料、半成品、设备进场后，由项目经理部材料部门负责保管，项目经理部现场经理和项目经理部安全保卫部门进行协助管理，由项目经理部发送到分包单位的材料、半成品、设备，由各分包单位负责保管、使用。

a.结构施工阶段的成品保护管理措施。结构工程分包施工单位为主要成品保护负责人，水电配合施工等专业队伍要有保护土建项目的保护措施后方可作业，在水电等专业项目完成并进行必要的成品保护后，向土建分包单位进行交接。对于一些关键工序（如钢筋、模板、混凝土浇筑），土建、水电安装要设专人看护及维修。

b.装修、安装施工阶段的成品保护管理措施。装修、安装阶段特别是收尾、竣工阶段的成品保护工作尤为重要，这一阶段主要的成品保护责任单位是装修分包单位，设备的成品保护责任单位是水电安装的分包单位。土建和水电施工必须按照成品保护方案要求进行作业。

在工程收尾阶段，装饰分包单位要分层、分区设置专职成品保护员，其他专业分包队伍要根据项目经理部制定的"入户作业申请单"并在填报手续齐全经项目经理部批准后，方准进入作业，否则成品保护员有权拒绝其进入作业。施工完成后要经成品保护员检查确认没有损坏成品并签字后方准离开作业区域。

上道工序与下道工序（主要指土建与水电，不同分包单位间的工序交接）要办理交接手续。交接工作在项目经理部的主持下，在各分包之间进行，项目经理部起协调监督作用，项目经理部各工程师要把交接情况记录在施工日志中。

接受作业的人员，必须严格遵守现场各项管理制度，不准吸烟。如作业用火，必须取得用火证后方可进行施工。所有入户作业的人员必须接受成品保护人员的监督。

分包单位在进行本道工序施工时，如需要其他专业的成品时，分包单位必须以书面形式上报项目经理部，项目经理与其他专业分包协调后，其他专业派人协助分包单位施工，待施工完成后，其他人员恢复其成品。

项目经理部制定季度、月度计划时，要根据总控计划进行科学合理的编制，防止工序倒置和不合理赶工期的交叉施工以及采取不当的防护措施而造成的互相损坏、反复污染等现象的发生。

项目经理部技术部门对专业工程师进行方案交底，各专业工程师对各分包的技术交底及各分包单位对班组及成员的操作交底的同时，必须对成品保护工作进行交底。

项目经理部对所有入场分包单位都要进行定期的成品保护意识的教育工作，依据合同、规章制度、各项保护措施，使分包单位认识到做好成品保护工作是保证自己的产品质量从而保证分包自身的荣誉和切身利益。

③ 成品保护主要技术措施。

a.测量定位。定位桩采取桩周围浇筑混凝土固定，搭设保护架，悬挂明显标志以提示，水准引测点尽量引测到老建筑物上或围墙上，标识应明显，不准堆放材料遮挡。

b.钢筋工程。在浇注梁板混凝土前用特制的钢筋套管或塑料布将钢筋包好，高度不得小于500mm，以防止墙柱钢筋被污染。如有个别污染应及时清理混凝土浆，保证钢筋表面清洁，同时也要防止污染。

绑扎墙筋时应搭设临时架子，不准蹬踩钢筋。基础底板钢筋绑扎时上下层钢筋之间设架立筋，防止操作时踩踏变形。模板板面刷脱模剂时严禁污染钢筋。混凝土浇筑时，不得随意踩踏、搬动、攀爬及割断钢筋。机电管线预留预埋不得随意切断钢筋或使钢筋移位。

c.混凝土浇筑工程。振捣混凝土时，不得碰动钢筋、埋件，防止移位。钢筋有踩弯、移位或脱扣时，及时调整、补好。散落在楼板上的混凝土应及时清理干净。楼梯混凝土模板拆除后，立即对踏步进行护角保护。柱子的四角及地面上1m的部位用胶合板做护角保护。

d.模板工程。预组拼的模板要有存放场地，场地要平整夯实。模板平放时，要有木方垫架。立放时，要搭设分类模板架，模板触地处要垫木方，以此保证模板不扭曲变形。不可乱堆放或在组拼的模板上堆放分散模板和配件。

工作面已安装完毕的墙、柱模板，不准在吊运其他模板时碰撞，不准在预拼装模板就位前作为临时倚靠，以防止模板变形或产生垂直偏差。工作面已安装完毕的平面模板，不可做临时堆料和作业平台，以保证支架的稳定，防止平面模板标高和平整产生偏差。

拆除模板时，不得用大锤、撬棍硬砸猛撬，以免混凝土的外形和内部受到损伤。施工时要保证模板表面层层清洁，满刷隔离剂以防止黏结。

e.砌筑工程。在砌筑时，水电专业及时配合预埋管线，以避免后期剔凿。在构造柱、圈梁模板支设时，严禁在砌体上硬撑、硬拉。

f.屋面工程。屋面找平层应按设计的流水方向，向雨水口和天沟进行找坡找平。

施工前要清扫干净，防止杂物将雨水口、雨水管堵塞。在施工运送材料的手推车支腿处应用胶皮包扎好，防止将防水层刮破，并安排防水人员随时检查，如发现有刮破的，要及时进行修补。在施工防水中，要注意防止对外墙和其屋面设备的污染。

g. 电气安装工程。配电箱、柜、插接式母线槽和电缆桥架等有烤漆或喷塑面层的电气设备安装应在土建抹灰工程完成之后进行，其安装完成后采取塑料膜包裹或彩条布覆盖保护措施，防止受到污染。

电缆敷设应在土建吊顶、精装修工程开始前进行，防止电缆施工对吊顶、装饰面层的破坏。

灯具、开关、插座等器具应在土建吊顶、油漆、粉刷工程完成后进行，可防止因吊顶、油漆、粉刷工程施工受到损坏和污染。

对于变配电设备、仪器仪表、成盘电缆等重要物资在进场后交工验收前应设专人看护，防止丢失和损坏。

电气安装施工时，严禁对土建结构造成破坏，对粗装修面上的变动应先征得土建技术人员的同意。在精装修已完成后，电气安装施工必须采取有效措施防止地面、墙面、吊顶、门窗等受到损坏和污染。

配电柜安装好后，应将门窗关好、锁好，以防止设备损坏及丢失。

h. 通风空调工程。安装完的风管要保证风管表面光滑洁净，室外风管应有防雨、防雪措施。

暂停施工的系统风管，应将风管开口处封闭，防止杂物进入。风管伸入结构风道时，其末端应安装上钢板网，以防止系统运行时杂物进入金属风管内。金属风管与结构风道缝隙应封堵严密。交叉作业较多的场地，严禁以安装完的风管作为支、托架，不允许将其他支吊架焊在或挂在风管法兰和风管支、吊架上。

镀锌铁丝、玻璃丝布、保温钉及保温胶等材料应放在库房内保管。保温用料应合理使用，尽量节约用材，收工时未用尽的材料应及时带回保管或堆放在不影响施工的地方，防止丢失和损坏。

i. 管道工程。安装好的管道以及支托架卡架不得作为其他用途的受力点。

洁具在安装和搬运时要防止磕碰，装稳后，洁具排水口应用防护用品堵好，镀铬零件用纸包好，以免堵塞或损坏。

对刚安装好的面盆、浴盆、台面不准摆放工具及其他物品，地漏完工后应用板盖好，以防堵塞，严禁大小便，完工后的卫生间不经允许任何人不得入内。

管道安装完成后，应将所有管路封闭严密，防止杂物进入，造成管道堵塞。各部位的仪表等均应加强管理，防止丢失和损坏。报警阀配件、消火栓箱内附件、各部位的仪表等均应重点保管，防止丢失和损坏。

（16）创优过程中应注意的问题

① 不违背工程建设标准的强制性条文。《工程建设标准强制性条文》是申报鲁班奖工程必须严格遵守的。因此，在工程施工前，要严格审核图纸，并与设计单位完善图纸，施工过程中对照规范条文，即使不是施工方面违背的，也要向有关方提出。

② 重视一些不显眼部位的质量。在工程创优过程中，将不显眼部位与大面部位视为同等重要，如消防楼梯间、地下车库、电梯机房、管道井等部位；机电安装不管是明装的还是暗装的，质量都是一个标准，不论是显眼的还是不显眼的；不论是看到的或是看不到的都应

做到是精品。

③ 重视环境保护质量。根据鲁班奖的有关申报办法,如果项目的环境质量达不到国家验收规范的要求,将不能申报鲁班奖。

公司应依据 ISO14001(环境管理体系认证)标准建立了环境管理体系。在整个项目的实施过程中,将按照公司环境管理体系的要求,强化现场环境管理,确保环境保护工作全面符合相关法律法规要求,对周边环境不产生任何超标的环境影响,以确保工程始终正常顺利施工,确保建成文明安全样板工地。同时公司还将在项目施工过程中,大力提倡使用绿色环保建筑材料,严格控制室内环境污染,确保将工程营造成绿色建筑。

④ 重视安全文明施工。根据鲁班奖的有关申报办法,如果项目在施工过程中发生重大安全事故,将不能申报鲁班奖。

公司职业健康安全方针为:遵章守法,安全文明施工;持续改进,营造健康环境。

项目将严格贯彻执行公司的职业健康安全方针,并将根据 OHSAS18001 标准及公司职业健康安全管理体系文件要求,建立和实施项目职业健康安全管理体系,认真落实各级安全生产责任制,全面提高现场的职业健康安全管理和文明施工水平,确保所有进场施工人员和所有相关方的安全健康。

项目确定的职业健康安全目标为:杜绝死亡、重伤事故和职业病的发生;杜绝火灾、爆炸和重大机械事故的发生;轻伤事故发生率控制在千分之三以内;创建文明安全工地。

为确保目标的实现,项目中标后将结合实际情况编制项目职业健康安全管理计划,以指导项目的日常职业健康安全管理工作。

a. 文明施工的保证措施及方案。施工现场的文明施工管理是企业生产经营的综合反映,贯穿于项目工程施工管理的全过程。以符合标准要求的文明施工管理,提高项目工程施工的综合管理水平,促进管理层、作业层"三个素质"和观念作风的改变。提高劳动效率,降低物耗、消除污染、美化环境;提高工程质量、延长机械使用寿命,有效地避免火灾事故,完善安全防护设施等,以保证社会效益和企业经济效益的稳步提高。

(a) 文明施工管理。文明施工原则:

平面有图,按图施工,图物相符;大宗材料,码方成垛,分类堆放;
临设水电,杆正线直,安全不漏;道路畅通,排水无阻,没有垃圾;
临设料房,规格整齐,防雨防潮;宿舍整洁,食堂卫生,纪律严明;
科学管理,机构健全,制度完善;责任到人,挂牌施工,奖罚分明;
限额领料,随干随清,工完料净;按图施工,精心操作,保护成品;
施工脚手,搭设标准,规格整齐;施工工具,用完洗净,整齐保管;
机械设备,运转正常,保养清洁;包装用品,保存完整,回收交库;
按期交工,质量优良,清洁卫生;竣工档案,内容真实,资料齐全。

(b) 文明施工组织管理机构。其是根据项目实际情况成立以项目经理为首,现场经理、项目技术负责人组成的现场安全管理领导小组。健全专职安全员、各施工班组长和各分包商为一体的现场安全管理体系。建立安全责任体系和安全生产制度,按规定制定各项安全措施,坚持三级安全教育制、安全技术交底制、定期和不定期的安全检查整改制、外脚手架及大中型机械设备安装验收制,确保各时期的安全投入,保障员工的安全和健康。文明施工环境保护组织机构框图如图 7-7 所示。

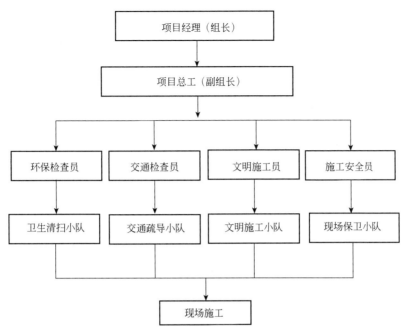

图 7-7 文明施工环境保护组织机构框图

b. 采取针对性安全措施。各项安全措施做到提早制定，论证审核，上报审批，确保有针对性。

（a）楼梯口用钢管设置工具式、定型化的防护栏杆。防护栏杆设上下两道，上道高1.2m，下道高0.6m，弯头采用定型套管弯头，打孔用螺栓进行连接，立柱采用预埋铁件焊接固定楼梯扶手和栏杆，间距2m以内，并刷黑黄相间的安全标识。

（b）电梯井口、管道井口等竖向口设置高1.5m、宽1.5m的防护门，并用膨胀螺栓与门洞两侧墙面进行固定，采用定型化、标准化、工具化产品，可满足安全防护要求且一次到位、重复使用、减少浪费。

井内水平隔离防护，每两层6m设一层，用钢管扣件和废竹胶板搭设固定严密防护，垃圾及杂物及时清理。

（c）楼内预留洞口防护，对楼层面预留的管道洞口，短边尺寸大于或等于25cm洞口，采用废竹胶板盖严，具有固定措施；边长1.5m以上的洞口四周要设防护栏杆，洞口下张设安全网。

（d）楼层临边处或内侧、阳台、预留窗洞口用钢管设置上下两道防护栏杆，上杆高1.2m，下杆高0.6m，立柱间距2m，水平杆用扣件连接，墙面用膨胀螺栓固定，立杆用预埋铁件焊接或膨胀螺栓固定，并刷黑黄相间0.4～0.5m的安全色。

（e）施工电梯进料口平台防护架，采用双立杆从下至上搭设，并从八层以上每四层用16#钢丝绳斜拉卸荷一次。

（f）施工电梯每层进料口通道铺设5cm厚木板，卸料口安装防护门，平台两侧设上下两道防护栏杆，并用密目网进行围护封挡。

（g）施工电梯地面进料口搭设双层防护棚，两层间距60cm，防护棚高4m，长宽各6m。

施工层周边设立双层防护棚；电梯井口处设置不低于1.5m的翻开式金属防护门，预留洞口、临边、楼梯边、上料平台周边等部位设置防护栏杆；建筑物出入口处搭设4～6m长，宽于出入通道两侧各1m的防护棚，棚顶满铺不小于5cm厚的脚手板，非出入口和通道两侧封闭严密；地下室等潮湿环境，通道口及主要入口的黑暗处，设置使用橡套电缆线的低压照明灯具。

（h）现场采用独立的三相五线制接零保护系统。各种电气设备和电力施工机械的金属外壳、金属支架和底座按规定采取可靠的接零或接地保护；施工机具、车辆及人员与内、外电线路保持安全距离或采取可靠的防护措施。

用电系统实行分级配电；电箱内电器统一式样、统一配制，配置新式透明开关，箱内设置符合规定，电器可靠、完好，选型、定值符合规定，开关电器标明用途。箱外按规定设置围栏和防护棚，流动箱与上一级电闸箱采用外插连接方式；机械设备定人、定机、定岗位，明确责任。用电做到一机、一闸、一保险、一漏电保护。保护系统完整，漏电保护装置选择符合规定。

（i）防火防爆。首先，工地设置专用危险品存放仓库，氧气瓶、乙炔瓶各自放在专用库室，严禁混放和太阳暴晒。油品、油漆等易燃品另库存放。

其次，生活区、仓库、配电室、木工加工区等易燃易爆场所，每处配置4具灭火器材，每栋建筑物施工层设置4具灭火器，严格动火审批制度，严禁在施工区用明火取暖和焚烧垃圾。

再次，每栋楼设专用临时消防水源管道，设置明显醒目统一的标识，每层留有消防水源接头。在办公区、生活区、木工棚、配电房、各楼操作层配备消防器材，方便和满足现场在意外情况下使用。

另外，还要在工地设立专门的休息吸烟处，在楼层中每隔四层设置吸烟室和临时卫生间。

c. 根据工程实际和地域气候、气象特点，制定相应的措施和预案：

预防火灾措施和应急预案；预防雷电的措施和应急预案；预防机械设备故障等因素的高空急救措施；预防阴雨天气影响质量、工期、安全的措施；预防食物中毒的措施和应急预案；预防卫生疾病的措施和应急预案。

d. 文明施工和环保措施。根据最新修订的《建设项目环境保护管理条例》和《建筑工程安全文明施工规范》，结合GB/T 19001质量管理体系中的相关环境管理要求，建立环境管理体系，制定环境方针、环境目标和环境指标，制定和落实环境管理责任，配备相应资源，遵法守规，预防污染，减尘降噪，节能减废，全员参与。加强施工扬尘、噪声、废气、废水、废弃物的污染排放治理与监控，创造绿色、生态、人文的施工环境，使社区环境、业主和施工人员共同受益，创建省市文明工地。

施工期间，四合院内设置排水坡向，将雨水、废水集中排放至建筑物外设置的集水坑，道路及砂浆搅拌机旁设积水坑，经二次沉淀过滤后的水用于浇花、冲洗马路及车辆等；楼梯间照明采用声控照明设备，节约用电；作业层垃圾工完场清理，及时清运；垃圾台封闭，废旧材料、废弃物分类堆放；现场厕所设化粪池；餐厅设滤油池，确保施工现场达到卫生标准。

根据消防安全及现场需求，在满足施工和成本节约的前提下，对施工现场临时用水合理规划。各楼根据用水量合理选择线路及管径，确保供水使用正常。现场主道路设排水沟集中排水，次道路按坡向自由排水。

（17）创优策划编制说明和创优经验总结　　本方案主要是针对咨询单位承包合同范围内的质量创优措施，对于由建设单位指定分包的室内外高精装饰、玻璃幕墙、景观工程等项目，纳入总承包管理，根据咨询单位的总体创优目标计划由相关参建单位负责编制其施工范围内有针对性的质量创优措施。

通过以上斩获鲁班奖工程的实操分析，做出如下创优措施总结供大家在今后的工作中参考借鉴。

① 制定创鲁班奖的质量目标。本工程首先明确了创评鲁班奖的目标，并为实施这个目标制定了切实可行的具体措施。在工程的实施过程中，将目标分解落实到基层，并严格管理，严格控制，严格检验。建设单位与咨询单位严格监督检查，对使用的建筑材料和所施工的工程质量一丝不苟地检查，不留退路。

② 取得建设单位的支持。创鲁班奖必须要取得建设单位的支持，才能同心协力、共同创奖，否则难度很大，根本无法创出鲁班奖。

③ 过程精品，一次成优。本工程对建造的全过程事先策划、过程控制、严格检验，以确保达到过程精品，一次成优。

④ 行业内横向对比。由于在地区内或地区间，工程质量、施工工艺和技术创新往往存在差距。因此在创优过程中，充分了解行业内的创优信息、进行横向对比是十分重要的。

⑤ 采用高标准。鲁班奖工程的质量水平是国内一流水平，必须采用高于国家标准、行业标准和地方标准的企业标准。

⑥ 推广应用新技术。在工程中，提高质量水平、消除质量问题和攻克技术难关，都需要通过推广应用新技术来解决。同时创鲁班奖工程不仅要工程质量水平高，而且应注意项目建设的成本，提高投资效益，坚持质量和效益的统一。

⑦ 文明施工，安全生产。在申报鲁班奖工程的通知中规定，企业发生重大质量与重大安全事故后，不能申报鲁班奖；特别严重的在三年内均不允许申报。因此做到文明施工、采取完善的安全生产措施是重中之重。

⑧ 注重资料的完整收集。创鲁班奖工程的基本要求是必须遵守国家标准规范，复查和评审时应做到无漏项缺项。

资料整理要做到：工程资料齐全，有总分目录表，查阅方便；各分部分项工程的施工图会审、设计变更、施工方案技术措施、技术交底、隐蔽记录、测量自检、设备测试、沉降观测记录、各种合格证等资料齐全；水泥、钢材、混凝土砂浆、金属材料等测试报告齐全，各种质量检验报告齐全，数据准确可靠。

⑨ 创优与企业诚信结合。企业获评鲁班奖是提升企业形象的方式，但企业真正的品牌和形象是诚信。必须将创鲁班奖与提高企业的诚信相结合，企业诚信才能让用户放心满意。

主要注意以下几方面：合同的全面履约率、质量的合格（优良）率、事故的伤亡率、社会的投诉率、现场的文明施工等。同时严格执行国家有关法律法规，按规定纳税，提供优质服务，提高企业整体素质。

⑩ 配备强有力的项目领导小组。项目组要有严格的工作作风和严密的质量管理体系，保持质量始终处于受控状态；严格遵守施工规范和手册，严格保证工程质量。应该注意的问题有：

a. 避免违背工程建设标准的强制性条文。在申报鲁班奖的工程中，绝对不允许有违背强制性条文之处。在施工过程中要严格逐条对照条文内容，即使不是施工方面出现问题，也要向有关方提出。

b. 避免在施工过程中发生重大事故。

c. 不申报未竣工或未竣工验收和未备案的工程。

d. 重视环境保护质量。竣工的建筑工程，若环境质量不符合要求，环保部门将不予验收，不能办理竣工验收和备案，更不能交付使用。

e. 避免过分夸张工程特点。若工程本身质量足够优良，但在介绍时声称经检查允许偏差全部为"0"（是指一个分项工程），这一介绍明显不实；若工程推广应用了某些已广泛使用的新技术，但声称使用的技术国内领先，这样的介绍也是不适宜的。

f. 避免出现质量不足之处。虽然申报鲁班奖的工程质量是达到国内一流水平的，但由于客观条件限制，因目前建筑材料、施工工艺等可能存在的不足，工程几乎不可能做到完美无缺，但出现的问题绝对不能影响安全和功能。

g. 重视一些不显眼部位的质量。鲁班奖工程是一个整体质量达到精品要求的工程，因此不论细节与否、不论是否容易看到，都应达到精品的要求。施工中应对不显眼部位与大面积部位一视同仁、同等重视。

参考文献

［1］ 陈金海，陈曼文，杨远哲，等. 建设项目全过程工程咨询指南［M］. 北京：中国建筑工业出版社，2018.
［2］ 杨卫东，敖永杰，翁晓红，等. 全过程工程咨询实践指南［M］. 北京：中国建筑工业出版社，2018.
［3］ 胡勇，郭建森，刘志伟. 全过程工程咨询理论与实践指南［M］. 北京：中国电力出版社，2019.
［4］ 王辉，徐希萍. 全过程工程咨询概论［M］. 郑州：郑州大学出版社，2018.
［5］ 蔡志新. 全过程工程咨询实务指南［M］. 广州：华南理工大学出版社，2018.
［6］ 曾金应. 全过程工程咨询服务指南［M］. 北京：中国建筑工业出版社，2020.
［7］ 季更新. 全过程工程咨询工作指南［M］. 北京：中国建筑工业出版社，2020.
［8］ 刘辉义，李忠新，张文勇. 全过程工程咨询操作指南［M］. 北京：机械工业出版社，2020.
［9］ 吴玉珊，韩江涛，龙奋杰，等. 建设项目全过程工程咨询理论与实务［M］. 北京：中国建筑工业出版社，2018.